Ser
Cristão

**Dados Internacionais de Catalogação na Publicação (CIP)
(Câmara Brasileira do Livro, SP, Brasil)**

Konings, Johan
　Ser cristão : fé e prática / Johan Konings. 7. ed. revista e ampliada – Petrópolis, RJ : Vozes, 2019.

2ª reimpressão, 2025.

ISBN 978-85-326-2856-5
1. Vida cristã I. Título.

03-1157   CDD-248.4

Índices para catálogo sistemático:
1. Vida cristã : Prática religiosa   248.4

JOHAN KONINGS, S.J.

Ser Cristão
FÉ E PRÁTICA

EDITORA VOZES

Petrópolis

© 2003, 2019 Editora Vozes Ltda.
Rua Frei Luís, 100
25689-900 Petrópolis, RJ
www.vozes.com.br
Brasil

Todos os direitos reservados. Nenhuma parte desta obra poderá ser reproduzida ou transmitida por qualquer forma e/ou quaisquer meios (eletrônico ou mecânico, incluindo fotocópia e gravação) ou arquivada em qualquer sistema ou banco de dados sem permissão escrita da editora.

CONSELHO EDITORIAL

Diretor
Volney J. Berkenbrock

Editores
Aline dos Santos Carneiro
Edrian Josué Pasini
Marilac Loraine Oleniki
Welder Lancieri Marchini

Conselheiros
Elói Dionísio Piva
Francisco Morás
Teobaldo Heidemann
Thiago Alexandre Hayakawa

Secretário executivo
Leonardo A.R.T. dos Santos

PRODUÇÃO EDITORIAL

Anna Catharina Miranda
Eric Parrot
Jailson Scota
Marcelo Telles
Mirela de Oliveira
Natália França
Priscilla A.F. Alves
Rafael de Oliveira
Samuel Rezende
Verônica M. Guedes

Editoração: Maria da Conceição Borba de Sousa
Diagramação: Sheilandre Desenv. Gráfico
Revisão gráfica: Nilton Braz da Rocha
Capa: Renan Rivero

ISBN 978-85-326-2856-5

Este livro foi composto e impresso pela Editora Vozes Ltda.

SUMÁRIO

Abreviaturas gerais, 6

Siglas dos livros bíblicos, 7

Como ler as referências bíblicas, 8

Remissivas bibliográficas, 9

Prefácio da sétima edição, 11

Reflexão inicial, 15

1 JESUS, O CRISTO, 23

    1.1 Ponto de partida: Jesus e a Bíblia, 23

    1.2 Como a Bíblia vê a humanidade, 26

    1.3 As tradições bíblicas acerca da origem de Israel, 27

    1.4 A promessa feita a Davi, o "Ungido", 29

    1.5 A espera do Messias, do novo "Ungido", 31

    1.6 Filho de Davi, Filho de Deus, 32

    1.7 A vida pública de Jesus, 33

    1.8 A irrupção do Reino de Deus, 36

    1.9 Morte e ressurreição de Jesus, 38

    1.10 Messias malogrado ou Messias inesperado?, 41

    1.11 O Homem Novo, 43

2 A COMUNIDADE DE JESUS, 45

    2.1 O Espírito de Deus suscitando a Igreja, 46

    2.2 A Cristandade: a Igreja identificada com a sociedade, 49

    2.3 Reforma e Iluminismo: a Igreja Católica na defensiva, 51

    2.4 A Igreja em diálogo crítico com o mundo moderno, 53

    2.5 A configuração católica da comunidade cristã hoje, 56

2.6 Incorporação na Igreja e sacramentos da iniciação, 57

2.7 Os sacramentos que acompanham a vida do cristão, 60

2.8 O povo de Deus e o culto que é a vida, 63

3 A VIDA DO CRISTÃO, 69

3.1 A oração e a liturgia, 70

3.2 As muitas maneiras de orar, 74

3.3 A devoção aos santos e a Maria, Mãe de Jesus, 75

3.4 "Espiritualidades" e vida pastoral, 76

3.5 O seguimento de Cristo na prática, 78

3.6 Mandamentos e virtudes, 79

3.7 Aqui e agora, 81

3.8 Uma opção fundamental, 83

3.9 Com o fim diante dos olhos, 84

4 O DEUS DE JESUS E DO CRISTÃO, 89

4.1 Jesus, rosto de Deus, 89

4.2 "Meu Pai e vosso Pai", 91

4.3 Deus-Trindade, comunhão de amor, 92

4.4 O "Símbolo Apostólico", resumo da fé, 94

4.5 O crer e a fé, 97

4.6 Fé, esperança e, acima de tudo, amor, 98

4.7 Tudo é graça, 99

4.8 Cristão por opção, 101

Notas, 105

ABREVIATURAS GERAIS

| a.C. | antes da era cristã | n., nn. | número, números |
| d.C. | depois de Cristo | P.ex. | por exemplo |

SIGLAS DOS LIVROS BÍBLICOS

Ab	Abdias	Jt	Judite
Ag	Ageu	Jz	Juízes
Am	Amós	Lc	Evangelho seg. Lucas
Ap	Apocalipse	Lm	Lamentações
At	Atos dos Apóstolos	Lv	Levítico
Br	Baruc	Mc	Evangelho seg. Marcos
Cl	Carta aos Colossenses	1Mc	1º Livro dos Macabeus
1Cor	1ª Carta aos Coríntios	2Mc	2º Livro dos Macabeus
2Cor	2ª Carta aos Coríntios	Ml	Malaquias
1Cr	1º Livro das Crônicas	Mq	Miqueias
2Cr	2º Livro das Crônicas	Mt	Evangelho seg. Mateus
Ct	Cântico dos Cânticos	Na	Naum
Dn	Daniel	Ne	Neemias
Dt	Deuteronômio	Nm	Números
Ecl	Eclesiastes (Coélet)	Os	Oseias
Eclo	Eclesiástico (Sirácida)	1Pd	1ª Carta de Pedro
Ef	Carta aos Efésios	2Pd	2ª Carta de Pedro
Esd	Esdras	Pr	Provérbios
Est	Ester	Rm	Carta aos Romanos
Ex	Êxodo	1Rs	1º Livro dos Reis
Ez	Ezequiel	2Rs	2º Livro dos Reis
Fl	Carta aos Filipenses	Rt	Rute
Fm	Carta a Filêmon	Sb	Sabedoria
Gl	Carta aos Gálatas	Sf	Sofonias
Gn	Gênesis	Sl	Salmos
Hab	Habacuc	1Sm	1º Livro de Samuel
Hb	Carta aos Hebreus	2Sm	2º Livro de Samuel
Is	Isaías	Tb	Tobias
Jd	Carta de Judas	Tg	Carta de Tiago
Jl	Joel	1Tm	1ª Carta a Timóteo
Jn	Jonas	2Tm	2ª Carta a Timóteo
Jo	Evangelho seg. João	1Ts	1ª Carta aos Tessalonicenses
1Jo	1ª Carta de João		
2Jo	2ª Carta de João	2Ts	2ª Carta aos Tessalonicenses
3Jo	3ª Carta de João		
Jó	Jó	Tt	Carta a Tito
Jr	Jeremias	Zc	Zacarias
Js	Josué		

COMO LER AS REFERÊNCIAS BÍBLICAS

As *referências* das citações bíblicas indicam: o livro (abreviado cf. a lista de abreviaturas), o capítulo e, depois de vírgula, o versículo do texto citado. Se este comporta mais versículos, são ligados por hífen (-). Se abrange diversos capítulos, são ligados por traço (–). Versículos avulsos dentro do mesmo capítulo são separados por ponto. Diversas referências são separadas por ponto e vírgula (;). Exemplos:

Jo 1,1: João, capítulo 1, versículo 1

Mt 5,3-12: Mateus, capítulo 5, versículos 3 a 12

Lc 3,1.7: Lucas, capítulo 3, versículos 1 e 7

Lc 9,51.53-54: Lucas, capítulo 9, versículo 51 e versículos 53 a 54

Mc 1,16–8,26: Marcos, capítulo 1, versículo 16 até capítulo 8, versículo 26

Mt 1,1.25–2,4: Mateus, capítulo 1, versículo 1, mais versículo 25 até capítulo 2, versículo 4

Mt 4,16; 14,12–18,22: Mateus capítulo 4, versículo 16, mais capítulo 14, versículo 12 até capítulo 18, versículo 22.

REMISSIVAS BIBLIOGRÁFICAS

Cat.Igr.Cat.

Catecismo da Igreja Católica. São Paulo: Loyola/Petrópolis: Vozes, 1999.

CDC

Código de Direito Canônico (tradução CNBB). São Paulo: Loyola, 2001.

Concílio Vaticano II

ver *Compêndio do Vaticano II: constituições, decretos, declarações.* Petrópolis: Vozes, 1968.

DzH

H. DENZINGER – P. HÜNERMANN. *Compêndio dos símbolos, definições e declarações de fé e moral.* São Paulo: Loyola, Paulinas, 2007.

Konings, *Sinopse*

KONINGS, J. *Sinopse dos evangelhos de Mateus, Marcos e Lucas e da "Fonte Q".* São Paulo: Loyola, 2005.

Os textos teológicos da época antiga e medieval são citados, com leves adaptações, segundo as fontes primárias.

PREFÁCIO DA SÉTIMA EDIÇÃO

"Ninguém jamais viu a Deus; o Unigênito, que é
Deus e está no seio do Pai, esse o deu a conhecer."
(Jo 1,18).

Muito se fala sobre Deus sem saber de que se está falando. Dizemos que Jesus é Filho de Deus ou, mesmo, Deus, mas nosso conceito de Deus não combina com as mãos calejadas do carpinteiro de Nazaré e, muito menos, com o rosto desfigurado do Crucificado. Muitos que se dizem cristãos talvez nunca pensaram nisso. E muitos, talvez, se afastaram por relacionarem o cristianismo com uma imagem de Deus que não corresponde ao mistério que João nos faz intuir.

Por isso, não apresentamos aqui uma "doutrina cristã", mas o *ser* cristão, o existir e o agir como cristão a partir de Jesus de Nazaré. A partir dos primeiros que confessaram Jesus como sendo o Cristo, percorreremos um caminho semelhante à instrução das primeiras gerações cristãs: do querigma (cap. 1) e da mistagogia (caps. 2 e 3) até mistério do Deus de Jesus e dos cristãos (cap. 4). Caminho de Jesus a Deus, passando pela vida da comunidade de fé.

Este livro não se dirige a especialistas, mas a todos os que, comprometidos ou distantes, desejam compreender melhor o que é ser cristão. Pode servir para a iniciação cristã dos jovens e mesmo dos adultos que talvez não a receberam. E para os "distantes", procura esclarecer as linhas mestras do ser cristão, sem o acúmulo de questões secundárias surgidas no decorrer dos séculos. O texto foi escrito em sintonia ecumênica com as grandes tradições confessionais, porém, a partir da prática católica, que aparece especificamente no capítulo 3.

O livro serve para a leitura individual ou para o estudo em grupos. Sugiro que, num primeiro momento, estude-se o texto expositivo de cada capítulo. As notas, postas intencionalmente nas últimas páginas, servem para leitura complementar seletiva. A Reflexão Inicial será lida com especial proveito pelos que desejam liderar um grupo de leitura.

Apesar de citar por extenso os principais textos bíblicos, aconselho que o leitor tenha a Bíblia à mão, pelo menos o Novo Testamento, para consultar as numerosas citações não transcritas.

Belo Horizonte, Natal de 2018
P. Johan Konings, SJ

Nós, cristãos,

somos judeus que reconhecemos que Jesus é o Cristo-Messias
e que Ele inaugurou o reinado de Deus;

somos gregos que temos a ousadia de ver em Jesus
a manifestação do próprio Deus
e de lhe atribuir a natureza divina;

somos medievais, que consideramos o cosmo
o templo de Deus
e a humanidade, sua cidade, governada por Jesus;

somos modernos que assumimos o conhecimento crítico,
a liberdade e o projeto histórico da humanidade,
à luz de Cristo;

somos pós-modernos que, de encruzilhada em encruzilhada,
sintonizamos para Ele nosso sistema de navegação...

*

Como cristão você deve primeiro olhar para Jesus
e depois dizer: assim é Deus.

REFLEXÃO INICIAL

"Que eu não só possa ser apenas chamado de cristão, mas verdadeiramente considerado como tal" (Inácio de Antioquia, Epístola aos Romanos, cap. 3).

"Dai a todos os que professam a fé rejeitar o que não convém ao cristão e abraçar tudo o que é digno desse nome" (Oração do 15º dom. do tempo comum ano B).

Neste tempo, em que a leitura se torna cada dia mais escassa e precária, aconselho vivamente que se promovam em torno deste livro grupos de leitura, com consulta da Sagrada Escritura, que já foi a alavanca da cultura do povo judeu e dos povos cristãos em épocas passadas. Mesmo se não fosse uma contribuição para a fé, tal leitura grupal seria pelo menos uma contribuição para a cultura.

Para os que quiserem aprofundar o assunto deste livro, especialmente os líderes de grupos de leitura, segue aqui uma reflexão prévia. Lembro que, numa pesquisa sobre o que é ser cristão, só uma pessoa se referiu a Jesus Cristo. Para a maioria das pessoas, ser cristão é simplesmente viver segundo as normas da "Cristandade". O sociólogo Emmanuel Mounier, na metade do século passado[1], entendia por Cristandade a quase identificação da igreja cristã com a sociedade e por cristianismo, a vivência da fé cristã em nível pessoal e comunitário – aquilo que eu prefiro chamar "o ser cristão". Esta distinção se tornou relevante quando se desfez a identificação da comunidade cristã com a sociedade. Esse processo recebeu também outros nomes, como "laicização" ou "secularização" – termos inadequados, pois existe uma laicalidade profundamente cristã e uma secularidade inerente à nossa própria tradição[2].

Mas a desconstrução da Cristandade não é unívoca. Há meio século que se faz ouvir um "rumor de anjos"[3], que penetrou também nas igrejas cristãs – às vezes, de modo ensurdecedor – e que retoma muitos elementos da Cristandade, voltando, em alguns casos, até antes do Concílio de Trento (1545-1563). Por outro lado, ultimamente, o Papa Francisco convoca para uma renovada prática da fé à luz do Concílio Vaticano II, indo "em saída" de nossa zona de conforto e abrindo-nos a um horizonte mundial e até cósmico[4].

Por isso proponho, nos capítulos seguintes, uma releitura do ser cristão desde a sua origem, e essa origem é Jesus de Nazaré reconhecido como "Cristo", ou seja, Messias, como proclama a profissão de Pedro em Cesareia de Filipe (Mc 8,29), protótipo de todas as profissões de fé cristã. Devemos voltar a essas origens para compreender a ruptura que o confessar Jesus como Cristo representa em relação ao contexto social, cultural, político e até religioso. Pois a fé cristã, se for "digna do nome cristão", é solidária com o reconhecimento de Jesus como Cristo por aqueles que o seguiram e continuaram fiéis na comunidade que se formou a partir e em torno dele.

O ser cristão é bem anterior ao regime de Cristandade que começou a vigorar depois do Imperador Constantino, e também à instituição eclesiástica que hoje conhecemos. No século passado, alguém disse: "Jesus anunciou o Evangelho e o que veio foi a Igreja"[5]. Geralmente essa frase é considerada como amarga ironia. Mas podemos entendê-la com toda a seriedade, reconhecendo que nem conheceríamos a pregação do Reino de Deus por Jesus se não tivesse surgido a Igreja. Porém, as instituições eclesiásticas que hoje vigoram foram precedidas pelo impacto e o espírito de Jesus, e esse momento "fundante" se exprime nos escritos das primeiras comunidades cristãs, que nós chamamos de Novo Testamento, e que se enxertaram nas escrituras da comunidade judaica, o Antigo Testamento. Por isso, a fé cristã é, necessariamente, uma fé bíblica[6]. O próprio Paulo, antes que o Novo Testamento estivesse escrito, aconselhou a Timóteo: "Desde criança conheces as Escrituras Sagradas. Elas têm o poder de te comunicar a sabedoria que conduz à salvação pela fé no Cristo Jesus. Toda Escritura é inspirada por Deus e é útil para ensinar, para argumentar, para corrigir, para educar conforme a justiça" (2Tm 3,15-16)[7].

A razão da valorização cristã das Escrituras judaicas é que a profissão de fé em Jesus como Messias pressupõe a esperança do Messias, ou Cristo, que se encontra nessas Escrituras. Sem a tradição judaico-bíblica nem saberíamos o que pode significar crer em Jesus enquanto Messias. Querer entender o Novo Testamento sem um banho no mundo do Antigo seria como querer entender o Brasil sem saber o que houve antes de 1500. Por isso o Concílio Vaticano II garantiu a presença do Antigo Testamento nas leituras litúrgicas para envolver o ouvinte na dialética de promessa e cumprimento, prefiguração e plenitude, que articula o Antigo Testamento com o Novo. "Desconhecer as Escrituras é desconhecer Cristo" (São Jerônimo).

Ser cristão implica fundamentalmente a fé naquele que Pedro chamou de Cristo, ou Messias: Jesus de Nazaré. Porém, o modo de Jesus ser Messias foi muito particular. Superava as tradições de Israel. Há um elemento de ruptura na práxis de Jesus descrita pelos evangelhos. Jesus anunciou e instaurou o Reino de Deus num modo que superou aquilo que o judaísmo esperava. Por isso mesmo, Jesus não foi o Messias esperado, mas o Messias inesperado, inaudito, Filho do Homem e Servo Padecente, que desbancou o legalismo farisaico e a imagem do rei Davi que dominava o pensamento messiânico. Sua morte na cruz, aparentemente um sinal de maldição, foi na realidade o verdadeiro sacrifício de expiação que o Templo de Jerusalém não conseguia oferecer (Hb 7,26-27). E o Evangelista João reconhece nisso o amor até o fim que é a glória de Deus[8].

*

Além de nos esforçar por voltar às origens de nossa fé, enfrentamos a dificuldade de transmiti-la. Se até o século XIX, no Brasil, era obrigatório ser católico, hoje só um pouco mais que a metade dos brasileiros se declara católico. Por outro lado, aumenta um tipo de cristãos que prefere igrejas "à la carte"; muda-se de igreja como se muda de canal de tevê. Diante desse desafio, há quem lance mão da mídia, acentuando os aspectos mais sensacionais da religião. Duvida-se, porém, que isso tenha maior durabilidade que os outros produtos da indústria do entretenimento.

Precisamos de algo mais substancioso. No meio em que vivemos, a imagem dominante do cristão raras vezes mostra o que é essencial. Muitos que se chamam cristãos não parecem conscientes do que é fundamental, e os que olham de distância colhem uma imagem deformada e até se escandalizam. É preciso mostrar a dinâmica cristã fundamental e o sentido da identidade cristã vivida de modo consciente e integral.

Na crise atual se revela o grande defeito da evangelização tradicional: a *falta de verdadeira iniciação cristã*. No nosso meio, o ser cristão não repousa, via de regra, sobre verdadeira iniciação e opção consciente[9]. Mesmo cristãos piedosos e até engajados na prática pastoral ou social, muitas vezes, não têm consciência clara do que é optar por Jesus de Nazaré e participar de sua comunidade, e por isso ficam expostos a todo tipo de manipulação religiosa.

O cristianismo, no Brasil, tem raízes na cultura colonial. Ora, o ser cristão não se transmite por hereditariedade ou cultura.

Exige iniciação e opção. O que às vezes se chama "cultura cristã", tradições festivas e coisas semelhantes, pode ser transmitido na esteira da cultura geral (infelizmente também em declínio), mas *o crer e o ser* do cristão não se transmitem desse modo. Fala-se hoje em "ruptura na transmissão da fé", mas isso não deve provocar desespero. Ruptura faz parte do ser cristão, pois este não se transmite por mera pertença sociológica ou cultural. A tradicional "Cristandade", na qual religião, sociedade e cultura praticamente se identificavam, esfumava a diferença entre o *ser* cristão e o cristianismo sociocultural. Quem nascia na "sociedade cristã" era considerado cristão, graças ao batismo recebido pouco depois do nascimento. Mas o que nesse batismo se transmitia não era o *ser* cristão, e sim a "Cristandade". Ora, com a atual desconstrução da Cristandade manifesta-se que não há continuidade automática entre a "sociedade cristã" e o *ser* cristão como *práxis de fé* consciente. Portanto, o que se apresenta como ruptura na transmissão da fé não é senão o limiar que separa, do mundo sociológico, a comunidade da fé em Cristo. Para transmitir o legado de Jesus Cristo é preciso sair da acomodação de um mundo que talvez até se diga cristão, mas de fato pouco tem a ver com Jesus.

Claro, os elementos cristãos recebidos por cultura ou tradição têm seu valor. Mas *o que faz que o cristão seja cristão consciente* é a opção por aquele que é chamado o Cristo, o Messias, e essa opção não pode ser feita por uma tradição cultural ou religiosa. Ninguém pode ser cristão no lugar de outrem. É como na fala: recebe-se do ambiente cultural a linguagem (como reservatório de palavras feitas), mas não a decisão de *dizer* algo de verdade (como palavra viva). Dizer algo de verdade depende de querê-lo pessoalmente. Assim como, intencionalmente ou não, a linguagem recebida pode se tornar um meio para não dizer nada, a religião, inclusive a cristã, pode se tornar um meio para encobrir e abafar a palavra verdadeira.

Hoje, a cultura cristã já não é dominante e, ao mesmo tempo, tornou-se coisa banal. A sociedade serve-se de elementos da cultura cristã até para fins comerciais, sem se interessar pela opção cristã como tal. Valorizam-se as escolas cristãs por causa de sua qualidade e equipamento, mas a mensagem cristã não interessa. Analogamente, as "forças cristãs" são instrumentalizadas com intenções políticas, sem que haja interesse pela mensagem do Evangelho.

Sem dúvida, a vida cristã tem incidência na política e na cultura, mas reduzir o ser cristão a mero elemento cultural ou instrumento político torna irreconhecível seu núcleo essencial. Muitas vezes é apresentado como importante aquilo que não o é, ou não pertence ao cerne do ser cristão, mas antes o compromete negativamente. O que a mídia focaliza são precisamente esses elementos de "distração", inclusive porque, muitas vezes, os próprios cristãos procuram uma visibilidade que não é bem a que Jesus aponta, quando diz: "Nisto todos reconhecerão que sois discípulos meus: se vos amardes uns aos outros" (Jo 13,35).

*

É comum ouvir-se que a transmissão da fé precisa de uma nova linguagem. Está certo, mas na situação atual isso não basta. Os termos novos devem fazer surgir o sentido fundamental da mensagem de sempre. É preciso redescobrir as próprias raízes na narrativa antiga, para fazer ecoar o mesmo sentido na vida de hoje com palavras novas e adequadas. Para traduzir o sentido do ser cristão num contexto novo é preciso ser iniciado nas palavras e nos símbolos cristãos fundadores. Introduzir novas formas de expressão sem cuidar da continuidade com a tradição viva é separar a flor de sua raiz, qual rosa de corte num vaso: graciosa para o olho, mas incapaz de se procriar e condenada a logo murchar. Depois do Concílio Vaticano II procurou-se traduzir fórmulas obsoletas em linguagem nova, mas às vezes desconhecem-se as fontes que alimentaram essa "tradução". Importa manter a tensão dialética entre tradução e refontamento. Voltar à fonte sem "traduzir" conduz ao enrijecimento conservador. Traduzir sem mostrar a fonte causa perda da tradição. No primeiro caso, a planta se afoga, no segundo, resseca. É preciso "traduzir refontando", para preparar uma opção de fé consciente.

*

Como epígrafe do primeiro capítulo apresenta-se a conclusão do Prólogo de João: "Ninguém jamais viu a Deus; o Unigênito, que é Deus e está no seio do Pai, esse o deu a conhecer" (Jo 1,18). O Evangelho de João não deve ser visto como um tratado filosófico. Apresenta Jesus como a Palavra de Deus que se faz "carne" ao entrar na história humana: quando Jesus fala é Deus que fala, e o que Jesus faz, Deus é quem o faz. Assim, este escrito "teo-lógico" por excelência leva Deus (*theós*) à fala (*logos*) na palavra e nos gestos de Jesus. *Jesus é o relato vivo de Deus no meio de nós.* Porém, se desde o início Jesus é chamado "Palavra" de Deus, só se descobre *em que sentido* Jesus é tal palavra através do relato de seus sinais e obras. E esse relato deve conduzir à opção de crer nele para encontrar "a vida" nesta opção (Jo 20,30-31). Ora, neste evangelho, Jesus não põe o foco sobre si, mas sobre o Pai. Assim, este evangelho nos questiona, pois falamos muito da Igreja, pouco de Jesus, e quase nunca do Pai. Às vezes a teologia se tem transformado em sociologia pastoral, e a espiritualidade, em publicidade da "logomarca Jesus", mas Deus ficou esquecido... João nos convida a fazer *teo*-logia, a falar de *Deus*, que ninguém viu, mas do qual Jesus é o relato, o retrato falado.

Não devemos aplicar a Jesus uma imagem preconcebida de Deus, mas ouvir e contemplar Jesus e depois dizer: assim é Deus. Na teologia escolar ministrava-se primeiro o tratado de

Deus e depois a doutrina acerca de Jesus Cristo. Aqui seguimos a ordem inversa. Por isso, quem pensa à maneira antiga mantenha seus conceitos em suspenso ao ler este livro, para que não surjam ruídos na comunicação. O que importa em primeiro lugar é escutar a narrativa acerca de Jesus. Pela mesma razão, não vamos primeiro descrever todas as expressões do rico universo religioso, mas aprofundar a consciência de nossa própria experiência. Então será possível dialogar com os outros, articulando com clareza a nossa opção cristã – porém, não como obrigação universal como no tempo da Cristandade, mas como livre-escolha.

*

Escutar o relato de Jesus e de sua comunidade: eis o ponto de partida. Relato do homem Jesus, o Crucificado que é também o Senhor glorioso, cujo espírito vive na práxis de sua comunidade. Quem opta por fazer desse relato o fio condutor de sua vida, associando-se à comunidade que o interpreta em atos e em verdade, também vai querer confessá-lo: eis o ponto-final deste livro.

Nada de novidades sensacionais, nada de códigos esotéricos. Apresentamos os temas que constituem a espinha dorsal da fé cristã de sempre. Essa simplicidade talvez pareça pouco diante do atual desmonte da tradição cristã, mas ela supera aquele racionalismo obsoleto e destruidor que é cego para a criação de sentido que a narrativa cristã irradia. Entrando na "era pós-crítica", agradecemos a crítica por seus esclarecimentos e vamos desfrutar a nossa fé e o potencial de sentido que a opção cristã revela no contexto de hoje.

"Vinde, vede" (Jo 1,39)...

1
JESUS, O CRISTO

Cristão é quem crê que Jesus é o Cristo

O que caracteriza o cristão é que ele acredita em Jesus de Nazaré como sendo o Cristo (isto é, o Messias). A isso, ele deve seu nome de cristão. Mas essa ligação entre o ser cristão e Cristo não é tão evidente quanto se poderia esperar. Num programa de tevê com entrevistas na rua, em São Paulo, foi feita a seguinte pergunta: "Que é, para você, ser cristão?" Apenas uma das pessoas entrevistadas mencionou Jesus Cristo em sua resposta. Todas as outras falaram em coisas gerais: ter fé, fazer o bem, ajudar as pessoas... Houve até quem respondesse ao que não foi perguntado, mas que estava presente em sua cabeça: "Todas as religiões são boas"...

Ser cristão implica fundamentalmente a fé naquele que é chamado o Cristo, ou Messias: Jesus de Nazaré. Sem a fé no Cristo, ninguém pode ser chamado cristão.

Neste primeiro capítulo explicaremos o que significa o conceito de "Cristo", ou "Messias". Consideraremos primeiro o conceito que o povo de Jesus, o povo de Israel, tinha a respeito do messias esperado (§ 1.1-5). Depois veremos como esse conceito foi aplicado a Jesus de Nazaré por aqueles que são chamados de "cristãos" e o que isso significa para a compreensão do ser humano (§ 1.6-11).

1.1 Ponto de partida: Jesus e a Bíblia

> Estes sinais foram postos por escrito para que creiais que Jesus é o Cristo, o Filho de Deus, e para que, crendo, tenhais a vida em seu nome (Jo 20,31).

A Igreja cristã é constituída pelos que acreditam que Jesus de Nazaré é o Cristo (o Messias), o qual, enviado por Deus, inaugurou o projeto divino para salvar a humanidade por meio da comunidade que Ele convocou em nome de Deus.

CRISTO NÃO É O SOBRENOME DE JESUS...

"Cristo" vem do grego *khristós*, que significa "ungido" e traduz o hebraico *mashîah*, "messias" (há cristãos que se autodenominam "messiânicos"). O termo "messias" ou "ungido" remete aos que, em Israel, recebiam em sinal do encargo de Deus uma unção de óleo precioso derramado sobre a cabeça (os reis, 1Sm 10,1; 2Sm 2,4; 5,3 etc.; os sacerdotes, Ex 30,30; 40,13; Lv 8,12 etc.). Mas há também a unção no sentido figurativo: o Espírito de Deus derramado sobre o profeta: Is 61,1. Em Lc 4,18, Jesus aplica este texto a si mesmo, pois embora não tivesse recebido nenhuma unção régia nem sacerdotal em Israel (cf. Hb 7,14; 8,4), era Ele o "ungido" no sentido simbólico: o profeta ungido com o Espírito. Também o batismo de Jesus (Mc 1,9-11) deve ser entendido como a unção pelo derramamento do Espírito. Assim Ele é, de modo misterioso, o Ungido, o Cristo-Messias[1].

Jesus nasceu há dois mil anos. Seus pais eram Maria e José, de Nazaré, povoado da Galileia, no norte da terra de Israel, conhecida como Palestina. A Palestina vivia, naquele tempo, sob o jugo do Império Romano[2].

Conforme os evangelhos, Jesus nasceu quando seus pais se encontravam em Belém, perto de Jerusalém, por causa do recenseamento da população pelos romanos. José tinha sua raiz em Belém, no sul da Palestina, na família de Jessé, pai do Rei Davi, que viveu por volta do ano 1000 a.C. e era tido como o maior de todos os reis de Israel e Judá. Essa história visualiza, pois, que Jesus era descendente legal de Davi[3].

Os "evangelhos da infância de Jesus" em
Mateus e Lucas

À diferença dos evangelhos de Marcos e de João,
que iniciam seu relato com a atuação de João Batista e o
batismo de Jesus adulto, os evangelhos de Mateus e Lucas começam com narrativas, aliás muito diversas, sobre
o nascimento e a infância de Jesus.

Mateus oferece a genealogia de Jesus, que sublinha
sua pertença legal à casa de Davi mediante seu pai ado-
tivo José, e narra seu nascimento de Maria Virgem, por
obra do Espírito de Deus. Relata tudo do ponto de vista
de José e enquadra seu relato em citações escriturísticas,
que devem mostrar o cumprimento do plano de Deus.

Lucas descreve o nascimento de João Batista como
fim da antiga disposição e o de Jesus, por obra do Espírito
em Maria Virgem, como início da nova disposição. Lucas achou importante situar o homem Jesus na cronolo-
gia histórica (1,4; 2,1; 3,1-2) e descrever sua inserção no
judaísmo: circuncisão, apresentação ao Templo, romaria
a Jerusalém (cf. Gl 4,4: "nascido de mulher, nascido sob
a Lei"). Mas nem seu dia a dia, nem o que aconteceu
entre seus doze e trinta anos foi objeto de tal elaboração,
de modo que autores apócrifos e fantasistas inventaram
preencher esse espaço com fábulas que nossos contemporâneos acolhem com mais apetite que o alimento substancioso do próprio evangelho...[4]

Para compreender a importância do fato de Jesus ser
"filho de Davi" é preciso tomar conhecimento das tradições
do povo do qual Jesus nasceu. Encontramos essas tradições
na Bíblia, as "Sagradas Escrituras" do povo de Israel (Antigo, ou Primeiro, Testamento) e da comunidade cristã (Novo
Testamento)[5].

1.2 Como a Bíblia vê a humanidade

> Deus criou o ser humano à sua imagem. À imagem
> de Deus o criou. Homem e mulher Ele os criou.
> E Deus viu tudo quanto havia feito, e era muito
> bom (Gn 1,27.31).

A Bíblia inicia com o hino da criação do céu e da terra (Gn 1,1–2,4a), criação também do homem e da mulher, por Deus, "à sua imagem e semelhança" (1,26), criação enfim do sábado, dia consagrado a Deus e consagração semanal do nosso viver.

Essa página da Bíblia não é um texto *científico* sobre a origem do universo, como alguns teimam em afirmar, mas uma *narrativa didática*, e assim é também a narrativa seguinte, que evoca, na figura dos primeiros ancestrais, uma imagem da humanidade como tal (Gn 2,1–3,24)[6]. Como o ceramista que molda o barro, Deus formou, do solo vermelho (*adamá* em hebraico), o Adão (*adâm* significa vermelho). Confiou-lhe o paraíso (de *pardés*, "jardim") para tomar conta dele. Para sua felicidade, Deus formou, do lado de Adão (= "o do solo"), a mulher, Eva (= "a da Vida"). Mas o ser humano, criado bom e capaz de fazer o bem, é também capaz de recusar o caminho que Deus lhe oferece, quando quer decidir por conta própria do bem e do mal. Para simbolizar essa recusa, o pecado das origens e de sempre, a Bíblia narra a história do fruto proibido. Deus deu aos primeiros humanos todos os frutos do paraíso, inclusive os da árvore da vida, mas proibiu-lhes comer da árvore do juízo sobre o que seja bom ou mau, pois tal juízo pertence a Deus. Querer igualar-se a Deus, querer ser seu próprio deus, é o pecado que está na origem de todos os demais e espreita, como a serpente rasteira, cada pessoa até hoje. O ser imagem e semelhança de Deus não depende da ambição humana, mas é dom e missão confiada por Deus[7].

A Bíblia não esconde, como nós, a realidade do pecado. Reconhece-a, mas exorta todos a procurar a reconciliação. A religião bíblica conscientiza o homem a respeito do pecado, para que busque a reconciliação com Deus, pois o que é bom para Deus é bom para o ser humano[8].

Todos nós estamos no pecado, e o pecado está em todos nós. Os descendentes de Adão e Eva pecaram: o fratricídio de Caim, o orgulho de Babel (Gn 4). A Bíblia percebeu um sinal disso nas grandes catástrofes, tais como o dilúvio, a inundação gigantesca, da qual escapou apenas Noé com sua família (Gn 6–10). Então, Deus concluiu com Noé uma aliança – simbolizada pelo arco-íris –, para que a humanidade conhecesse um novo começo[9].

1.3 As tradições bíblicas acerca da origem de Israel

> O SENHOR disse a Abrão: "Sai de tua terra,
> do meio de teus parentes, da casa de teu pai,
> e vai para a terra que eu te mostrarei" (Gn 12,1).

Os autores bíblicos descrevem a humanidade, na medida em que a conhecem, como constituída pelos descendentes de Noé – os filhos de Sem, Cam e Jafé (Gn 10). Os jafetitas são as populações da Ásia e da Europa. Os camitas (hamitas) são os egípcios, os etíopes e outros povos situados em direção à África. E os semitas são os povos centrais da história bíblica: os israelitas e os povos aparentados, como os fenícios, os sírios, os caldeus, os árabes... gente que fala uma língua que o povo bíblico entende.

Entre os semitas destaca-se Abrão, que teve seu nome mudado para Abraão ("pai da multidão"). Nômade, percorreu com seus rebanhos o Oriente Médio até se estabelecer em Canaã, a futura terra de Israel. Deus concluiu com ele uma aliança, prometendo-lhe descendência e terra. Seu filho e herdeiro chamava-se Isaac[10].

O filho de Isaac chamava-se Jacó, mas Deus lhe deu um nome novo: Israel (Gn 32,29)[11]. Seus doze filhos, pressionados pela fome, acabaram indo ao Egito, que naquele tempo dominava a terra de Canaã. Um dentre eles, José, havia sido por eles vendido aos egípcios. Pela proteção de Deus, porém, ele se tornou vice-rei do Egito e instalou ali os próprios irmãos que, antes, o haviam vendido (cf. Gn 37–50)[12].

Depois de certo tempo, o Egito teve um rei, ou faraó, "que não havia conhecido José" (Ex 1,8). O novo faraó começou a escravizar os chamados "filhos de Israel" (Ex 1–15). No Egito, eles eram conhecidos como *hebreus*, o que significa um povo sem Estado, sem lei. Um deles, Moisés, escapou do extermínio das crianças hebreias e foi criado na casa do faraó. Depois que se tornou líder dos hebreus, teve no deserto do Sinai uma visão de Deus, que lhe deu a conhecer seu nome, "Javé"[13]. Este chamou Moisés para que, em seu nome, fizesse o povo sair do Egito. Moisés devia pedir ao faraó que deixasse o povo sair para, no deserto, celebrar um culto para Javé. Como as prerrogativas do faraó eram ao mesmo tempo políticas e religiosas, o pedido de Moisés significava a emancipação dos hebreus. Por isso, o faraó não quis atendê-lo[14].

Então, Javé mostrou aos egípcios *sinais* de que Ele estava com Moisés e os hebreus: as chamadas dez pragas do Egito, culminando na mortandade dos primogênitos do Egito. Diante disso, o faraó deixou os hebreus partir, mas decidiu persegui--los. Os hebreus atravessaram milagrosamente o Mar Vermelho (ou Mar dos Juncos), no qual os carros de combate do faraó atolaram. Assim, Deus libertou os hebreus da escravidão egípcia – libertação recordada na Festa da Páscoa, que os judeus até hoje celebram cada ano em março/abril[15].

No Deserto do Sinai, entre o Egito e Canaã, os hebreus receberam de Deus, por meio de Moisés, a *Instrução* (a Torá, ou Lei): os Dez Mandamentos e mais outras regras para a vida do povo (Ex 19–24). Deus concluiu com eles uma *aliança*, tornando-os o seu povo particular, para que celebrassem seu nome e proclamassem sua bondade e santidade no meio dos outros povos e nações. Essa aliança é o modelo de todas as alianças de Deus com a humanidade; é "a Aliança" por excelência. E a missão particular do povo de Israel, ser como que um templo de Javé no meio das nações, é designada pelo termo "povo eleito"[16]. A Aliança era também uma "Carta de Liberdade", pois, servindo a Javé, os hebreus se livraram da subserviência ao faraó ou a qualquer outro regime que arrogasse para si prerrogativas divinas ou poderes absolutos[17].

1.4 A promessa feita a Davi, o "Ungido"

> "Quando chegar o fim dos teus dias e repousares
> com teus pais, então suscitarei, para te suceder,
> um descendente saindo de tuas entranhas, e
> consolidarei o seu reinado. [...] Eu serei para ele um
> pai e ele será para mim um filho. [...] Tua casa e teu
> reino serão estáveis para sempre diante de mim;
> teu trono será firme para sempre"
> (2Sm 7,12.14.16).

Entre 1200 e 1000 a.C., o povo de Israel, constituído de doze tribos, tomou posse da "terra prometida", conquistando-a na luta contra os reis ou príncipes das cidades-Estado de Canaã. Quem liderou a entrada na terra foi Josué. Depois dele, o povo foi dirigido por líderes ocasionais, os "juízes" (livros de Josué e dos Juízes). Por volta do ano 1000, o povo pediu ao último dos juízes, o profeta Samuel, um rei que tivesse um exército permanente para enfrentar os inimigos. Pois esses não eram mais os reizinhos das cidades de Canaã, mas os temidos filisteus, os "povos do mar" que invadiram o território (livros 1 e 2 Samuel). Samuel não gostou do pedido do povo, mas Deus o mandou atender. Todavia, o rei de Israel não seria um faraó munido de prerrogativas divinas, mas um "servo" de Deus, único verdadeiro rei de Israel[18].

Assim, Samuel *ungiu* Saul como rei e, depois deste, Davi (1Sm 16,11-13), que, apesar de suas faltas, foi um leal "servo do Senhor"[19]. Mas, para cuidar de que o rei observasse a Aliança e governasse o povo com justiça e com amor aos pobres, como é dever do rei, Deus pôs a seu lado o profeta Natã. Por boca deste, Deus fez uma aliança com Davi, prometendo que sempre um descendente dele ocuparia o trono (2Sm 7,12-13)[20].

Durante todo o tempo que durou a monarquia, Deus suscitou profetas para dar a conhecer sua vontade aos reis e aos poderosos, que sempre tornavam a explorar seus irmãos israelitas. Os profetas foram os "guardiães da Aliança"[21].

Nos livros 1 e 2 Reis é narrada a história dos sucessores de Davi, até o exílio babilônico. O sucessor imediato de Davi foi seu filho Salomão. Construiu o Templo de Jerusalém, mas impôs também pesados impostos e trabalhos forçados. Por isso, depois de sua morte, a maior parte dos israelitas se separou da casa real de Davi. O reino se dividiu. Os revoltados criaram o reino de Israel, no norte, abrangendo dez das doze tribos. Pouco depois, construíram sua nova capital, Samaria. A casa real de Davi ficou com o Reino de Judá, no sul, tendo Jerusalém como capital[22.]

Em 722 a.C., o reino do norte, Israel, caiu nas mãos dos assírios, que em parte deportaram a população, em parte a misturaram com povos estrangeiros, trazidos do Oriente. Em 586, os babilônios acabaram com o reino do sul, destruíram o Templo e levaram a elite de Jerusalém para o exílio, ou cativeiro, na Babilônia. Para o pensamento profético, tanto a queda de Samaria como a de Jerusalém foram castigo de Deus pela infidelidade dos reis de Israel e de Judá[23].

1.5 A espera do Messias, do novo "Ungido"

> O Senhor jurou a Davi e não retirará sua palavra:
> "É o fruto de tuas entranhas que vou colocar no teu
> trono!" (Sl 132,11-12).

> Desde há muito parecemos um povo jamais
> governado por ti e sobre quem jamais teu nome
> fora invocado. Oh, se abrisses o céu e descesses!
> Diante de ti as montanhas iriam derreter (Is 63,19).

Tendo vencido os babilônios, o rei da Pérsia, Ciro, mandou os judeus de volta para Jerusalém, em 538 a.C. (livros de Esdras e Neemias)[24]. Chegando ali, construíram o "segundo Templo", que existiu até a época de Jesus e dos primeiros cristãos. Por aquele tempo, os judeus recolheram, nas Sagradas Escrituras, a história e os ensinamentos ligados a Moisés, bem como a história e as proclamações dos profetas: "a Lei e os Profetas" (que os cristãos chamam a Bíblia do Antigo Testamento). A partir daquela época, os judeus tinham em cada cidade "sinagogas", lugares de reunião, nos quais se proclamava a Lei de Moisés, e isso, não só na Palestina, mas também nas outras partes do mundo por onde se espalharam (a "diáspora")[25].

Todavia, a felicidade dos judeus estava incompleta. Vivendo sob a tutela do rei da Pérsia, não tinham autonomia nacional, nem rei. Tinham de chamar "rei dos reis" ao rei da Pérsia. Baseando-se na promessa feita por Deus a Davi, alimentavam o desejo de ter um novo Davi, um novo Messias ou Cristo[26]. Esse Messias por vir era visto como aquele que estabeleceria na terra o reinado de Deus.

Por volta de 330 a.C., Alexandre Magno conquistou a Palestina e os países vizinhos, introduzindo a cultura grega, "helenística". Foi neste período que os judeus radicados em Alexandria do Egito traduziram a Bíblia para o grego[27]. Entretanto, por volta do ano 165 a.C., houve na Palestina uma luta visando à conservação das tradições judaicas. Esta luta, liderada pelos Macabeus, resultou num breve período de autonomia nacional, que, porém, logo terminaria, pela chegada dos romanos, em 63 a.C.[28]

É nesse contexto que se compreende qual foi o impacto de Jesus de Nazaré e em que sentido Ele pôde ser reconhecido como "Ungido", Messias, Cristo.

1.6 Filho de Davi, Filho de Deus

> Início do Evangelho de Jesus Cristo, Filho de Deus (Mc 1,1).

> Livro da origem de Jesus Cristo, filho de Davi, filho de Abraão (Mt 1,1).

> Ele será grande; será chamado Filho do Altíssimo, e o Senhor Deus lhe dará o trono de Davi, seu pai. Ele reinará para sempre sobre a descendência de Jacó, e o seu reino não terá fim (Lc 1,32-33).

"Cristãos" são os que professam que Jesus de Nazaré é o Cristo, o *Messias*. Segundo a Lei judaica, o pai legal de Jesus é José, descendente de Davi. Jesus é, portanto, "filho de Davi", como deveria ser o Messias conforme se esperava em virtude da promessa feita a Davi por intermédio do Profeta Natã[29]. Ora, os evangelhos de Mateus e de Lucas nos dão a entender que o nascimento de Jesus não foi um simples fato biológico. Por obra do Espírito – o "sopro vital" de Deus –, Jesus não nasceu da vontade do homem, e sim, de Deus mesmo. Esse nascimento por obra do Espírito de Deus é significado por sua concepção no útero de Maria virgem. Jesus não é um mero produto humano, mas um presente de Deus à humanidade[30].

A VIRGEM-MÃE MARIA SEGUNDO O ISLÃ

"O amor é um oceano infinito / cujos céus são apenas um floco de espuma. / Saiba que as ondas do Amor / é que fazem girar a roda dos céus. / Como se transformaria em árvore uma coisa inanimada? / Os vegetais não se sacrificariam para conseguir seu espírito? / Como se sacrificaria o espírito pelo Sopro cujo perfume engravidou Maria? / Cada átomo é seduzido por esta Perfeição e corre para ela. / Sua pressa diz, implicitamente: Obrigado, ó Deus" (F. Teixeira – V. Berkenbrock (org.), *Sede de Deus*. Petrópolis: Vozes, 2002, p. 19).

1.7 A vida pública de Jesus

> Do céu veio uma voz: "Tu és o meu Filho amado; em ti está o meu agrado" (Mc 1,11).

Durante muito tempo, a profecia ficara calada em Israel. Mas então surgiu João Batista, como novo profeta, no deserto de Judá. E Jesus de Nazaré solidarizou-se com o movimento de renovação pregado por João. Este administrava nas águas do Rio Jordão um batismo que significava a conversão com vistas à chegada do reinado de Deus. O próprio João não inaugurou o reinado de Deus, mas anunciava que depois dele viria aquele que batizaria o povo com o Espírito Santo de Deus e assim o faria apto para participar desse Reino (Mc 1,1-8)[31].

Ao se deixar batizar por João, Jesus viu o céu rasgar-se e o Espírito Santo descer sobre Ele. E do céu veio uma voz: "Tu és o meu Filho amado, em ti está meu agrado" (Mc 1,11). Jesus era o "filho" no qual Deus depositava seu beneplácito; era o homem segundo seu coração, o eleito enviado por Deus para pôr em ação o seu projeto[32]. Assim, com aproximadamente trinta anos de idade, impelido pelo Espírito de Deus[33], iniciou sua missão, anunciando o Reino de Deus (Mc 1,14-15).

Todavia, Jesus não anunciava o Reino de Deus com um jeito de herói nacional ou salvador da pátria. Ele compreendia sua mensagem a partir de sua experiência única de Deus como Pai. Inicialmente, ensinava nas sinagogas da Galileia, sua terra natal; e isso, com autoridade e poder que provocavam admiração. Em sinal de que o Reino de Deus estava se realizando, Jesus curava os doentes e expulsava os "espíritos impuros" – doenças inexplicáveis, sobretudo psíquicas ou mentais (Mc 1,21-28).

OS RELATOS EVANGÉLICOS DA PREGAÇÃO DE JESUS

Os evangelhos não contam, propriamente, a vida de Jesus, mas apenas o período decisivo de sua pregação, culminando em sua paixão, morte e ressurreição: praticamente seu último ano de vida (fora os "evangelhos da infância", cf. acima, quadro junto ao § 1.1). Os três primeiros evangelhos (Mateus, Marcos e Lucas) coincidem quanto às grandes linhas e são, por isso, chamados "sinópticos", porque podem ser enquadrados numa sinopse ou visão de conjunto. Já o Evangelho de João organiza as matérias de modo diferente.

As citações, no presente capítulo, referem-se geralmente a Marcos, considerado o modelo de Mateus e Lucas. Os textos em que estes coincidem com Marcos chamam-se "paralelos", assinalados nas boas edições da Bíblia e indicados aqui por barras paralelas (...//...//...). Mas Mateus e Lucas, sendo autores autônomos, não seguem Marcos em tudo. Eles têm as suas matérias particulares. Além disso, têm em comum uma série de ditos de Jesus que não se encontram em Marcos. Os estudiosos pensam que esses ditos foram conservados num escrito

> não utilizado por Marcos e que serviu de fonte para Mateus e Lucas completarem o Evangelho. Esse escrito (reconstituído de modo hipotético a partir da comparação de Mt e Lc) é chamado a "Fonte dos Ditos de Jesus", mais conhecido pela sigla "Q" (do alemão *Quelle*, "fonte"; cf. Konings, *Sinopse*, p. ix-xvii). Cf. o quadro seguinte, "O Sermão da Montanha".

Entre os ditos de Jesus destaca-se o Sermão da Montanha (Mt 5–7; Lc 6,20-36). Nas "Bem-aventuranças" (Mt 5,2-12; Lc 6,20-23), Ele declarava que o Reino de Deus era para os pobres e as pessoas de coração reto. Os que colocam sua esperança em Deus se dão bem com seu reinado. Jesus explicava a Lei, a Instrução, mas de maneira diferente dos mestres que a ensinavam a Israel. Em vez de se apegar à letra da Lei, explicava-a no sentido da vontade de Deus, Pai cheio de amor[34].

Jesus queria que a Lei fosse interpretada à luz do amor de Deus. Ele tocava em leprosos para curá-los, enquanto a Lei prescrevia que, antes de qualquer contato, devia ser constatada a cura (Mc 1,40-45). Atribuiu a si mesmo autoridade para perdoar pecados (Mc 1,1-12). Permitia atividades e realizava curas em dia de sábado (Mc 2,22–3,6), dizendo que "o sábado é para o homem e não o homem para o sábado" (Mc 2,27).

Criticando a religião formalista dos mestres e dos que eram considerados piedosos, Jesus ensinava a procurar em tudo a vontade de Deus, que é o amor fraterno. Embora menos apegado à letra da Lei do que os escribas, mostrou-se mais exigente quanto ao essencial: o amor. Assim, era mais severo que os mestres judaicos em relação ao divórcio, que deixava a mulher desprotegida, o que era contrário ao amor de Deus (Mt 5,27-32). Mostrou-se também mais exigente quanto ao respeito mútuo, a injúria, a difamação. Pregava até o amor aos inimigos, pois Deus é bom para com os bons e para com os maus. E, lembrando que a Lei ensinava a ser santo porque Deus é santo, Jesus orientava seus discípulos a serem perfeitos no amor e misericordiosos, como o Pai celeste é perfeito e misericordioso (Mt 5,38-48)[35].

O SERMÃO DA MONTANHA E AS BEM-AVENTURANÇAS

Mateus organizou os ensinamentos de Jesus em cinco discursos de cunho catequético (cap. 5–7, 10, 13, 18 e 24–25). O primeiro é o Sermão da Montanha (Mt 5–7). É o resumo da pregação de Jesus anunciando o reinado de Deus. Tem como centro o ensinamento da misericórdia de Deus como exemplo para os seguidores de Jesus. O sermão foi conservado numa forma mais curta, no Evangelho de Lucas (6,20-49), e numa forma mais longa e mais conhecida, em Mateus (5,3–7,27). Mateus incluiu, neste sermão-modelo, palavras de Jesus que Lucas menciona em outro lugar. A parte mais conhecida do Sermão da Montanha são as Bem-aventuranças, que caracterizam e abençoam os que pertencem verdadeiramente ao Reino de Deus proclamado por Jesus: "Vosso é o Reino de Deus" (Mt 5,3-12 = Lc 6,20-23).

1.8 A irrupção do Reino de Deus

> Mas se é pelo dedo de Deus que eu expulso os demônios,
> é porque o Reino de Deus já chegou até vós
> (Lc 11,20).

Jesus queria mostrar a bondade de Deus a todos, sem restrição de posição, raça ou religião. Por isso, procurava primeiro os que sofriam, os pobres, os pecadores, os estrangeiros, os excluídos de qualquer espécie. De fato, para comunicar o dom de Deus a todos, é preciso começar por aqueles que sempre são relegados ao último lugar, pois, senão, nunca terão vez. Esse modo de agir era um sinal dos tempos: os tempos mudaram, as prioridades se inverteram. Com a inauguração do reinado de Deus chegou o tempo final. A partir de Jesus reinam outros critérios, diferentes do sistema deste mundo, dominado pelo egoísmo e pela prepotência. "Os primeiros serão últimos, e os últimos, primeiros" (Mt 20,16)[36].

Com Jesus *irrompeu* o reinado de Deus. Entrou em vigor o que o amor divino almejava, a vontade de Deus Pai: "Pai nosso, venha o teu Reino, seja feita a tua vontade" (Mt 6,10)[37]. O reinado de Deus se realiza quando se faz a vontade do Pai.

Mas onde ficava esse reinado de Deus anunciado por Jesus? Jesus parecia falar de algo que nunca se manifestava... Por isso, em suas parábolas, comparava o reinado de Deus a uma semente. Nem todas as sementes dão fruto. E as que dão fruto não fazem isso com estardalhaço. Brotam sem que o agricultor veja como. Todavia, a semente cresce, e de repente chega o tempo da colheita (Mc 4,26-32)[38].

Como o amor fraterno não se aprende por teorias, mas na prática, Jesus suscitou um grupo de discípulos que levassem adiante o seu modo de viver. Os primeiros que Ele chamou eram pescadores do Lago da Galileia. Fez deles "pescadores de gente" (Mc 1,17), para realizarem a grande pesca do tempo final, que Ele estava inaugurando[39]. Contrariamente à maneira de seu tempo, não excluiu as mulheres. Diversas dentre elas, prestando serviço à sua missão, o seguiram desde a Galileia até ao pé da cruz, em Jerusalém (Mc 16,40-41)[40]. Nem rejeitou os pecadores: Levi Mateus, fiscal de impostos a serviço dos romanos e desprezado pelos judeus que se consideravam justos (Mc 2,13-17); ou a pecadora que lavou os pés de Jesus com suas lágrimas (Lc 7,36-50).

Jesus destacou doze dentre os discípulos, mesmo número dos filhos de Jacó e das tribos de Israel (Mc 3,13-14). Eles simbolizavam a renovação do povo de Israel. E como responsável dos Doze estabeleceu Simão, chamado Pedro, nome que significa "pedra" ou "rocha" (Mt 16,18).

1.9 Morte e ressurreição de Jesus

> Por isso, Deus o exaltou acima de tudo e lhe deu o Nome que está acima de todo nome [...]: "Jesus Cristo é o Senhor" (Fl 2,9.11).

> Procurais Jesus, o nazareno, aquele que foi crucificado? Ele ressuscitou! Não está aqui! [...] Mas ide, dizei a seus discípulos e a Pedro: "Ele vai à vossa frente à Galileia. Lá o vereis, como Ele vos disse!" (Mc 16,7-8).

Quando, no fim de sua trajetória, Jesus subiu com seus seguidores a Jerusalém para a peregrinação anual da Páscoa, sua diferença com os chefes religiosos explodiu. Ao entrar no Templo, viu que o comércio tinha tomado conta de tudo. Num gesto profético, expulsou os vendilhões. Nos dias seguintes, Jesus começou a ensinar no Templo como mestre independente, mas as autoridades foram planejando sua morte (Mc 11,15-17)[41].

Jesus, porém, não se intimidou, mas foi fiel a seus discípulos e ao que lhes havia ensinado: "amou-os até o fim" (Jo 13,1). Na véspera da Páscoa, reuniu-se com eles para a ceia. Em sinal de sua dedicação radical, lavou os pés dos seus discípulos (Jo 13,2-15). Tomando o pão da mesa, pronunciou a bênção de ação de graças e disse: "Isto é meu corpo [entregue] por vós". No fim da ceia, tomou o cálice com vinho, pronunciou novamente a bênção e disse: "Esta é a nova Aliança [firmada] em meu sangue". Esse gesto é celebrado como memorial até hoje, na *Eucaristia*, "ação de graças"[42].

Os gestos e as palavras de Jesus na ceia lembram o "Servo Sofredor", o justo que, segundo a profecia de Isaías, carregou os pecados do povo (Is 53,6.11). Seu sofrimento fez o povo tomar consciência de seus pecados e se converter. O primeiro hino cristão, citado pelo Apóstolo Paulo, proclama que Jesus assumiu a condição de servo e, contrariamente ao orgulho do homem pecador, "tornou-se obediente até a morte, morte de cruz" (Fl 2,8)[43].

Nos escritos dos primeiros teólogos cristãos, a morte de Jesus é apresentada como um sacrifício pelos nossos pecados. Para nós hoje, isso é difícil de compreender. Questionamos: "Como pode alguém pagar pelo pecado de outro?" Para os contemporâneos de Jesus, no entanto, não existia tal dificuldade. Eles conheciam os sacrifícios pelos pecados oferecidos diariamente no Templo de Jerusalém. Nos séculos ulteriores, porém, a Cristandade não entendeu mais essa referência e interpretou a morte expiatória de Jesus como se Ele tivesse sido um bode expiatório, pagando a dívida de nosso pecado com a efusão de seu sangue. Achava-se que Deus havia enviado seu Filho ao mundo com essa incumbência[44].

Se, para os contemporâneos de Jesus, a comparação da morte de Jesus com os sacrifícios expiatórios do Templo era quase espontânea, cabe a nós perguntar qual é seu sentido profundo. A morte de Jesus perdoa o pecado e reconcilia o ser humano com Deus, porém não de modo mágico! O sangue de Jesus não "lava os pecados" mecanicamente. Foi por ter sido fiel à sua missão de inaugurar o Reino de Deus que Jesus chegou a derramar seu sangue, porque os homens, não Deus, assim o quiseram. O sangue que Ele derramou por ter assumido sua missão até o fim *lembra e atualiza* a Aliança concluída entre o Deus fiel e o povo de Israel, quando Moisés, com o sangue dos animais do sacrifício, aspergiu o altar (que representava Deus) e, depois, o povo (Ex 24,6-8). O sangue lembra também o rito anual do Dia da Expiação[45]. O sangue simboliza, pois, de modo eficiente, sacramental, a reconciliação, a graça de Deus que afasta o pecado do mundo. Jesus, sabendo que tinha chegado sua hora de enfrentar a morte violenta, ensinou aos discípulos que o que reconcilia as pessoas com Deus é a sua doação da própria vida. Esta reconciliação se torna efetiva na medida em que, diante do gesto de Jesus, abrimos nosso coração ao seu amor fiel até o fim, na conversão. Nossa salvação é o fruto dessa conversão que a graça de Deus suscita em nós: a volta para Jesus que nos amou até o fim e ao qual elevamos nosso olhar, sintonizando nosso caminho com o dele[46].

Assim, o que nos reconcilia com Deus não é o sangue por si mesmo, mas nossa conversão por causa da obra de Jesus *inteira*. Não é apenas sua morte que nos salva, mas também sua vida, pois nós reconhecemos que devemos viver como Ele e empenhar-nos por isso[47]. Jesus mesmo havia ensinado os discípulos a segui-lo, tomando sobre si a cruz, *cada dia*. Esta "cruz" não é somente a cruz da morte, mas a cruz da vida doada pelos irmãos. Por isso, Jesus diz que "seu jugo é suave, e seu fardo, leve" (Mt 10,30), pois é o fardo do amor fraterno.

O dom da vida de Jesus foi por Deus reconhecido como ato salvador, na *ressurreição*. Depois da sua morte, Jesus apareceu vivo às testemunhas: as mulheres, os apóstolos, a comunidade reunida. Isso significava que aquele que o mundo rejeitara foi acolhido e glorificado por Deus. Deus reconheceu que Jesus agiu certo. O hino de Paulo exprime isso dizendo que "Deus o sobre-exaltou e lhe deu o nome acima de todos os nomes: Jesus Cristo é o Senhor" (Fl 2,11)[48].

Assim como nós nos solidarizamos, na fé, com a morte de Jesus e, por assim dizer, a apropriamos, da mesma maneira participamos de sua glória. Assim como Deus, pela ressurreição, mostrou sua aprovação do amor e fidelidade de Jesus vividos até o fim, do mesmo modo Ele confere sua aprovação à nossa vida, operando a assimilação definitiva a Jesus que é a nossa ressurreição.

1.10 Messias malogrado ou Messias inesperado?

> Ele ensinava seus discípulos e dizia-lhes: "O Filho do Homem vai ser entregue às mãos dos homens, e eles o matarão. Morto, porém, no terceiro dia ressuscitará". Mas eles não compreendiam o que lhes dizia (Mc 9,31-32).

> O Filho do Homem não veio para ser servido, mas para servir e dar a vida em resgate por muitos (Mc 10,45).

Na atuação de Jesus existe uma aparente contradição, que o Evangelho de Marcos muito nos ajuda a perceber. Ele proclamou o Reino de Deus e fazia sinais admiráveis: curas, exorcismos, a multiplicação dos pães... Isso levou à conclusão de que Ele era o Messias, o Filho de Davi que libertaria o povo. Mas, num desenlace aparentemente contrário, Ele morreu como um criminoso, crucificado pelo poder do Império Romano, com a colaboração dos líderes de seu próprio povo. Que Messias foi esse? Não foi o Messias esperado. Embora descendente legal de Davi, Ele não foi o novo Davi que as pessoas imaginavam. Ele realizou o que Deus deu a entender mediante a figura do Servo Sofredor, de que falara o profeta Isaías. Jesus foi *o Messias inesperado*![49]

Refletindo, os discípulos descobriram, aos poucos, que no modo de viver de Jesus estavam presentes as grandes qualidades de Deus: amor e fidelidade[50]. Jesus não fora o filho de Davi que eles imaginaram, mas Ele havia sido e continuava sendo verdadeiramente "Filho de Deus", como exclamara o soldado romano ao pé da cruz (cf. Mc 15,39). A ressurreição havia confirmado isso.

Assim, à luz da ressurreição, os primeiros cristãos compreenderam que na obra de Jesus chegaram à plena realização as palavras de Deus anunciadas "na Lei e nos Profetas". Embora de modo inesperado, Jesus levara à plenitude o modo de agir de Deus e a esperança que o próprio povo desconhecera dentro de si.

Jesus havia realizado o que os antigos profetas tinham anunciado como a "nova aliança" que Deus estabeleceria com o povo, inscrevendo-lhe o seu ensinamento no coração. De fato, quem conhece Jesus, aderindo a Ele e à sua vida, conhece a vontade de Deus por dentro. Assim, a vida e o ensinamento de Jesus foram chamados a Nova Aliança (o Novo "Testamento", no sentido de pacto atestado)[51].

A COMPREENSÃO "PÓS-PASCAL" DO CRISTO "PRÉ-PASCAL"

Os evangelhos, sobretudo Lucas e João, mostram que foi à luz da Páscoa, ou seja, da ressurreição de Jesus, que os discípulos compreenderam que mesmo no seu aparente fracasso Jesus tinha realizado, de fato, a sua missão divina. Por isso se diz que a verdadeira compreensão foi "pós-pascal". E, a partir daí, os gestos e as palavras de sua vida "pré-pascal" se tornaram sinais daquilo que, por obra do Espírito de Deus, ficou patente à luz da ressurreição. Por isso, não se pode pregar um Jesus sem essas obras, sem esses sinais, alguém que não fosse esse "Jesus Cristo vindo na carne", como diz a 1ª carta de João (1Jo 4,1-2). Se não considerássemos sua atuação "na carne" (sinais e obras), não haveria nele nada a ser compreendido à luz da ressurreição. Um Cristo meramente glorioso, no qual não se contemplariam as labutas de seu caminho e as esperanças dos que puseram nele sua fé, seria uma ilusão, uma miragem. "Estes sinais foram escritos para que creiais e, crendo, tenhais a vida em seu nome" (Jo 20,31).

A ressurreição de Jesus é a luz que nos mostra a verdade acerca de Jesus. É a chave para compreender tudo o que Ele disse e fez, bem como as Sagradas Escrituras que se aplicam a Ele (cf. Jo 2,22; 12,16; 20,8-9; Lc 24, 44-47 etc.).

1.11 O Homem Novo

Revesti-vos do homem novo, criado à imagem de Deus, na verdadeira justiça e santidade (Ef 4,24).

Transformai-vos, renovando vossa maneira de pensar e julgar (Rm 12,2).

No início deste capítulo vimos que a primeira página da Bíblia apresenta o homem e a mulher como coroamento da obra da criação. A segunda página os situa no paraíso. A terceira os mostra expulsos do paraíso por causa do pecado, que espreita a humanidade desde a origem até hoje: o descaso em relação à Palavra de Deus. Adão e Eva podiam dispor da árvore da vida, mas não da árvore do conhecimento do bem e do mal. Eles, porém, querendo ser iguais a Deus e desejando que seus olhos se abrissem pelo fruto desta árvore, enxergaram... que estavam nus, sem nada! "Conheceram" o mal que estava aí, rasteiro e traiçoeiro qual serpente[52].

Há muitas maneiras de interpretar essa história. Há quem diga que o pecado passou às gerações seguintes como que por herança genética; dizia-se até que era transmitido pelo ato genitor! Essa crença tem causado muito mal! É melhor ver esse mal das origens à luz do que veio depois: a superação dessa "feliz culpa" que se manifesta em Jesus de Nazaré. Ele é o Filho no qual Deus investe seu beneplácito, seu mais radical bem-querer. Nele, a culpa das origens não tem mais vez. Ele é o novo Adão, Adão passado a limpo, o Homem Novo, ao qual são incorporados os que, pela fé e pela prática, aderem a Ele[53]. Estes tornam-se como que membros do seu corpo, cidadãos do Povo Novo constituído com base nele[54].

Esse homem novo, que é o fiel cristão, vive num tempo novo. A existência cristã deve ser vivida não como espera passiva do fim dos tempos, mas como participação ativa do tempo do fim. Quem, pela fé consciente, se une a Jesus é chamado a desdobrar ativamente a força dessa nova e definitiva dinâmica da salvação.

Ser cristão é crer em Jesus de Nazaré como sendo o Messias (o Ungido, o Cristo).

O que isso significa torna-se compreensível quando se conhece a tradição transmitida de geração em geração no povo do qual Ele nasceu, a narrativa que se encontra "na Lei e nos Profetas", ou seja, nas Escrituras. Estas veem o ser humano como coroação da obra criadora de Deus, mas também como ameaçado e ferido pelo pecado, isto é, pelo orgulho que se opõe ao plano de Deus. Contudo, Deus conduz a humanidade à reconciliação e à paz, especialmente por seus "eleitos": Noé, Abraão, Jacó-Israel e o povo de Israel, conduzido por Moisés.

Nesse desígnio de Deus, nesta "Aliança", o servo de Deus e "Ungido" por excelência era Davi. Pela boca do Profeta Natã, Deus lhe prometeu uma realeza que duraria para sempre. Por isso, quando no exílio babilônico a casa de Davi sumira da cena, surgiu a expectativa de um novo Ungido (Messias, Cristo).

Os cristãos são, pois, os que creem que Jesus de Nazaré foi aquele que, na terminologia do povo judeu, era chamado o Cristo, o Messias. Mas não o foi no modo como o povo o imaginava.

Jesus, depois de participar do movimento de renovação lançado por João Batista, se pôs a anunciar a proximidade do Reino de Deus. Ele entende esse Reino como a realização da vontade amorosa do Pai, que ele mesmo experimentou de maneira única. À luz dessa sua experiência Ele reinterpretava a Lei e os Profetas. Ensinava que o Messias não era um potentado, mas o Filho do Homem, que veio não para ser servido, mas para servir e dar sua vida pela multidão. Fiel até o fim à sua palavra e àqueles a quem a transmitiu, não recuou diante das ameaças mortíferas que os poderosos lhe destinavam. Morreu na cruz como um criminoso. Mas, ressuscitando-o dos mortos, Deus deu testemunho de que Jesus havia agido segundo sua vontade e é, sempre e de modo único, o seu "Filho".

Jesus não foi o Messias do modo como o povo o esperava; Ele foi o Messias inesperado. E Ele é para sempre o Homem Novo, Adão passado a limpo, no qual a humanidade é reconciliada com Deus, o Pai.

2
A COMUNIDADE DE JESUS

A história e a vida

Para compreender uma pessoa ou instituição pode-se descrever sua atuação e relações no presente momento ou mostrar como se desenvolveu desde suas origens até hoje. As duas maneiras se completam, sendo que a última permite situar melhor aquilo que se manifesta no dia presente.

Dando sequência ao anterior, abordaremos neste capítulo, inicialmente, a compreensão da comunidade de Jesus a partir de sua história (§ 2.1-4). Evocaremos a vida da Igreja cristã (católica) no seu desenvolvimento, desde as origens. Mostraremos a diferença entre o padrão fundamental e permanente da comunidade cristã e as formas circunstanciais que ela revestiu no decorrer da história, especialmente na assim chamada "Cristandade", que está indo para o fim, sem que isso signifique o fim da comunidade cristã.

A seguir descreveremos a estrutura e a vida da Igreja hoje como aparece e deve ser entendida na comunhão e participação ativa dos seus membros (§ 2.5-8). Pelo próprio assunto, a terminologia parecerá tradicional, muito "de Igreja", mas, mesmo assim, o assunto vale a pena, pois o que parece tradicional pode, de repente, a um olhar novo, revelar um sentido inesperado. É verdade que muito pode e deve mudar na vida da Igreja, mas para que essa mudança torne a Igreja melhor e mais fiel à sua vocação é preciso compreender o sentido genuíno do que ela está vivendo.

2.1 O Espírito de Deus suscitando a Igreja

> Todos nós fomos batizados num só Espírito para formarmos um só corpo, e todos nós bebemos de um único Espírito (1Cor 12,13).

Depois da ressurreição de Jesus, os discípulos receberam o dom que Ele havia prometido: o Espírito de Deus, que tinha animado os profetas antes de Jesus e, em plenitude, o próprio Jesus durante a sua vida na terra. Esse dom se manifestou de modo especial na Festa de Pentecostes, quando o Espírito foi derramado sobre os apóstolos, reunidos com Maria, a Mãe de Jesus. O Espírito foi percebido em forma de línguas de fogo (At 2,1-4). Os apóstolos se puseram então a anunciar a vida, morte e ressurreição de Jesus e constituíram, em Jerusalém, a primeira comunidade cristã (At 2,5-41).

QUANDO VEIO E QUANDO VEM O ESPÍRITO?

Tradicionalmente se diz que o Espírito Santo foi derramado no dia de Pentecostes. Mas isso não diz tudo. O Espírito de Deus age desde a criação (Gn 1,2). Ele desce sobre os profetas (Nm 11,24-29). Ele desce sobre Jesus por ocasião do batismo no Jordão e o impele para sua missão (Mc 9,1-13). Do mesmo modo, ele conduz a comunidade de Jesus, dando continuidade à experiência que os discípulos viveram junto ao Mestre (Jo 14,26). O Evangelho de João sugere que Jesus "deu o Espírito" na hora de sua morte (Jo 19,30), e sinal disso seria a água (= o Espírito) que sai de seu lado (Jo 19,34; cf. 7,37-39). Já no próprio dia da ressurreição Jesus aparece aos discípulos e lhes transmite o Espírito (Jo 20,19-22; cf. Jo 16,7; Lc 24,49). Pentecostes é a manifestação *pública* do Espírito no anúncio proclamado diante do povo, mas o

> Espírito vem *sempre* à sua Igreja, para que ela proclame o anúncio de Cristo e viva, em todas as circunstâncias, o que Ele ensinou. Tal é o Espírito de Jesus e do Pai (Jo 15,26; 16,14-15).

Depois de Pentecostes, incentivada pelos Doze, com Pedro à frente, a comunidade vivia no meio dos judeus e se caracterizava pela assiduidade ao ensinamento dos apóstolos, pela comunhão fraterna, pela partilha dos bens e pela "fração do pão", ou Eucaristia (At 2,42-47)[1].

Nos Atos dos Apóstolos, Lucas conta ainda como a primeira comunidade foi atingida pelas perseguições. Depois que Estêvão fora morto como primeiro mártir, alguns membros da comunidade foram para a Samaria e a Síria, onde fundaram novas comunidades (At 7–8). Um rabino judeu, Saulo de Tarso, os perseguiu até Damasco da Síria, mas no caminho teve uma visão de Jesus glorioso, converteu-se e tornou-se o grande apóstolo missionário conhecido sob o nome latino de Paulo[2].

A partir da comunidade de Antioquia da Síria, Paulo e Barnabé propagaram a fé em Jesus no meio dos não judeus (os gentios). Como certos cristãos, provindos do judaísmo, se opusessem a isso, o "Concílio dos Apóstolos", em Jerusalém, no ano 48, aprovou a prática de Paulo (At 13–15)[3]. O próprio Paulo ampliou então sua atividade, saiu da Ásia, fundou Igrejas em terra europeia e coroou sua vida com o martírio, em Roma, na época em que também Pedro, o chefe dos apóstolos, foi ali martirizado (At 16–28). Nessa época, as responsabilidades na Igreja incumbiam seja aos colégios de anciãos ou presbíteros, seja aos epíscopos (bispos, sucessores dos apóstolos) com seus diáconos/diaconisas. Mais tarde essas diversas formas de organização se fundiriam num esquema comum[4].

Depois que a Igreja-Mãe de Jerusalém deixou de ser a referência do movimento cristão (depois dos anos 60 d.C.), a Igreja de Roma tornou-se o centro da unidade; os sucessores de Pedro em Roma foram reconhecidos como responsáveis pela unidade da Igreja universal, passando mais tarde a serem chamados de sumos pontífices ou papas. Entretanto, outras Igrejas antigas, como as de Antioquia, Alexandria e mais tarde Bizâncio (= Constantinopla), exerciam uma função análoga nas suas respectivas regiões, seus bispos sendo chamados patriarcas[5].

A comunidade cristã dos dois primeiros séculos era caracterizada por incluir como membros as pessoas de *status* social humilde, a ponto de ser chamada "religião dos escravos". Era também a "Igreja dos mártires". Além dos judeus, maioria nas primeiras gerações cristãs, havia muitos egípcios, sírios, gente da Ásia Menor etc., geralmente comerciantes viajantes, soldados, escravos (libertos ou não). Aderiram também muitas pessoas letradas, percebendo a superioridade do cristianismo em relação ao politeísmo, ao sincretismo e à vazia religião de Estado do Império Romano. Embora muitas vezes carentes de direitos civis, caluniados e até perseguidos[6], os cristãos – fermento na massa (Mt 13,33) – se tornaram na sociedade "o que a alma é para o corpo", como diz um texto anônimo do século II.

OS CRISTÃOS SÃO PARA O MUNDO O QUE É
A ALMA PARA O CORPO

"Os cristãos não se distinguem dos demais pela região, língua ou costumes. Não habitam cidades à parte, nem usam idioma diferente dos outros, nem levam gênero de vida extraordinário. A doutrina que se propõem não foi lucubrada por homens curiosos [...]. Alguns moram em cidades gregas, outros em bárbaras [= não de língua grega] [...]. Seguem os costumes locais [...], apresentando civismo admirável, todavia paradoxal. Moram na própria pátria, mas como peregrinos. Como cidadãos, de tudo participam, mas como estrangeiros, tudo suportam.

> Toda terra estranha é pátria para eles, e toda pátria, terra estranha. Como todos, casam-se, como todos, procriam, mas sem rejeitar os filhos [costume no Império Romano]. A mesa é comum, o leito não. Estão na carne, mas não vivem segundo a carne. Sua vida decorre na terra, mas sua cidadania está nos céus. Obedecem às leis estabelecidas, mas superam-nas pela vida. Amam a todos, e são por todos perseguidos. [...] São mortos, e com isso se vivificam. Pobres, enriquecem a muitos. Tudo lhes falta, mas têm abundância de tudo. [...]. Enfim, o que é a alma no corpo são, no mundo, os cristãos". *Carta a Diogneto*, 5,1–6,1 (escrito anônimo do séc. II).

2.2 A Cristandade: a Igreja identificada com a sociedade

> Uma e outra, a espada espiritual e a temporal, estão em poder da Igreja. Mas esta é usada em prol da Igreja, aquela, ao invés, pela Igreja (Papa Bonifácio VIII, Bula *Unam Sanctam* [ano 1302]; DzH 873).

Em 313, o Imperador de Roma, Constantino, converteu-se a Cristo, e seu sucessor Teodósio tornou o cristianismo religião de Estado. A partir de então, o cristianismo se espalhou com rapidez, mas a qualidade da fé diminuiu[7].

Com a invasão dos povos chamados bárbaros na Europa, por volta do ano 500, o papa de Roma tornou-se o defensor do Ocidente. Além da autoridade religiosa, o papa ganhou considerável poder político[8]. Isso levou a um relacionamento sempre mais difícil com os Patriarcas do Oriente. Resultou daí a divisão, ou cisma, entre os cristãos orientais e os ocidentais, por volta do ano 1000. Os orientais chamam-se até hoje Igreja Ortodoxa, enquanto a Igreja fiel ao papa de Roma se chama Igreja Católica. Existem, todavia, Igrejas orientais unidas a Roma, celebrando a liturgia conforme seu próprio rito oriental e tendo seu próprio Direito Canônico[9].

> ### AS IGREJAS ORIENTAIS NO BRASIL
>
> Os imigrantes da Europa Oriental (Grécia, Rússia...) e do Próximo e Médio Oriente (Turquia, Líbano, Síria, Iraque), no Brasil, trouxeram consigo suas comunidades cristãs, as Igrejas Orientais. Algumas são ortodoxas, dependentes dos respectivos patriarcados (Moscou, Constantinopla etc.). Outras são católicas, unidas a Roma, tais os maronitas, os melquitas, os católicos armênios, ucranianos etc. Em alguns casos houve até sacerdotes católicos atendendo os cristãos ortodoxos (o caso dos bielo-russos em São Paulo).

Durante a Idade Média (500-1500) reinou na Europa Ocidental o regime chamado de *Cristandade*, no qual o poder temporal cabia ao rei, e o poder espiritual, ao papa e aos bispos. Como estes consideravam o poder espiritual superior ao temporal, surgiram conflitos entre ambos. O crescente poder do papa, bispo de Roma, foi também um dos fatores para que as Igrejas Orientais se separassem de Roma[10].

A Cristandade defendeu o "mundo cristão" contra o Islã, que por volta do ano 700 começara a se espalhar no Médio e Próximo Oriente, inclusive na Terra Santa, bem como na África do Norte e em Espanha e Portugal. Por volta de 1100, iniciaram-se as cruzadas ou guerras de reconquista da Terra Santa, cuja ambiguidade hoje é reconhecida.

Por outro lado, a Cristandade medieval produziu muita coisa positiva. Durante mil anos, a Igreja foi a educadora da Europa Ocidental (hospitais, arquitetura, agricultura, direito, ensino, ciências, universidades...). Produziu admiráveis expressões de fé cristã, não só nas grandes ordens religiosas, na música gregoriana, nos mosteiros e nas catedrais, como também, e sobretudo, nos movimentos de verdadeira mística e de pobreza evangélica que surgiram em resposta à ganância e à crueldade da sociedade[11].

2.3 Reforma e Iluminismo: a Igreja Católica na defensiva

> "Onde a religião foi retirada da sociedade civil e repudiada a doutrina e a autoridade da divina revelação, a própria genuína noção da justiça e do direito humano fica obscurecida" (Papa Pio IX, Encíclica *Quanta cura* [ano 1864], preocupada com a separação de Igreja e Estado; DzH 2890).

Desde o início da Modernidade, por volta de 1500, a Cristandade começou a sofrer fortes ataques. Olhando para essa época, tem-se a impressão de que, no conjunto, a Igreja Católica se fechou numa atitude de defesa.

De fato, no fim da Idade Média, diante do excessivo poder e, reconheçamo-lo, da corrupção na Igreja, tornava-se necessária uma profunda reforma. Desde o século XII começaram a surgir movimentos de reforma, como os albigenses e os cátaros na França, condenados pela Santa Sé, e o movimento franciscano, aprovado pelo papa. Enquanto os pregadores de São Domingos acentuavam a purificação da fé, movimentos místicos como a "Devoção Moderna" (Tomás de Kempis) insistiam na vivência pessoal e prática – não apenas festiva e sociológica – da fé cristã. Mas a Hierarquia não soube atender adequadamente esses anseios. Em consequência disso, o movimento de reforma radicalizou-se, chegando ao auge no século XVI, com figuras como Ian Hus, John Wyclif, Martinho Lutero e João Calvino. Produziu uma ruptura, à qual se deu o nome de *Reforma protestante*[12].

A REFORMA PROTESTANTE E O BRASIL

No Brasil, onde graças ao "padroado" do rei de Portugal existia um monopólio da Igreja Católica, as Igrejas da Reforma chegaram tarde, geralmente trazidas por imigrantes da Europa e da América do Norte. De tradição antiga são os luteranos, os presbiterianos e os episcopalianos, ou anglicanos; de tradição mais recente, os metodistas e os batistas.

No século XX desenvolveram-se no chão brasileiro amplamente as Igrejas de tipo pentecostal (Congregação Cristã, Assembleia de Deus) ou neopentecostal (Deus é Amor, Igreja Universal do Reino de Deus etc.). O pentecostalismo, movimento nascido nos Estados Unidos no séc. XIX, acentua a livre ação do Espírito Santo nos fiéis (Pentecostes simboliza o derramamento do Espírito sobre os primeiros seguidores de Jesus, cf. At 2). Quanto ao neopentecostalismo, que apresenta um leque muito diversificado, notam-se algumas formas altamente questionáveis[13].

Depois da crise da Reforma protestante, a Igreja Católica fez finalmente a sua reforma, sustentada pelo Concílio de Trento, que terminou em 1564. A *Reforma católica* insistiu muito na reforma do clero e da Hierarquia, na vida sacramental e na catequese. Aproveitando as recém-descobertas possibilidades da imprensa, promulgou novos livros litúrgicos e o catecismo, como também oficializou a tradução latina da Bíblia feita por São Jerônimo no século V, chamada *Vulgata*, que até o Concílio Vaticano II (1962-1965) serviu como tradução oficial da Igreja Católica[14].

Os séculos seguintes foram o tempo das grandes descobertas e da expansão colonial (o Brasil), mas também da emancipação do Ocidente da tutela da Cristandade. O movimento de emancipação, chamado também de *Iluminismo*, ou Ilustração, culminou na Revolução Francesa, em 1789, em meio a forte onda de anticlericalismo, inclusive nas colônias espanholas e portuguesas da América Latina. No Brasil reina, desde a Independência, o regime de separação de Igreja e Estado.

Em nível mundial, a crise entre Igreja e Estado chegou ao auge em 1870, com a abolição dos Estados Pontifícios pelo governo revolucionário da Itália. O Concílio Vaticano I (1870), inacabado por causa da guerra franco-alemã, acentuou a responsabilidade do papa e suscitou na Igreja Católica uma atitude de defesa e desconfiança em relação à sociedade[15].

2.4 A Igreja em diálogo crítico com o mundo moderno

> "Para desempenhar tal tarefa, incumbe à Igreja, em todas as épocas, perscrutar os sinais dos tempos e interpretá-los à luz do Evangelho, para ser capaz de oferecer, de forma apropriada ao modo de ser de cada geração, respostas às eternas perguntas do ser humano a respeito do sentido da vida presente e futura e as relações de ambas" (Concílio Vaticano II, Constituição *Gaudium et spes*, n. 4, numa perspectiva de abertura para o mundo; DzH 4304).

Enquanto importantes setores da Igreja Católica continuavam na atitude defensiva que chegou ao auge no século XIX (cf. § 2.3), os católicos mais conscientes foram se abrindo para o progresso científico, o humanismo e a busca de maior igualdade e justiça social. Tal tendência exprime-se, com força crescente, na "Doutrina Social da Igreja", desde o Papa Leão XIII (†1903), sendo confirmada pelo Concílio Vaticano II (1962-1965) convocado pelo Papa João XXIII. Como este concílio acentuou o modelo da Igreja-comunhão (em vez do modelo rigorosamente hierárquico da Cristandade), surgiu, especialmente na América Latina, uma pastoral voltada para a vida do povo e a opção preferencial pelos pobres, promovendo as comunidades eclesiais de base, a Campanha da Fraternidade etc. A teologia da libertação é a expressão teórica dessa ótica.

A DOUTRINA SOCIAL DA IGREJA

A partir de Leão XIII inicia-se a *Doutrina Social da Igreja*, marcada pelas encíclicas sociais *Rerum novarum*, do mesmo Leão XIII, *Quadragesimo anno*, de Pio XI, *Mater et magistra*, de João XXIII, *Octogesima adveniens*, de Paulo VI; *Laborem exercens, Sollicitudo rei socialis*, e *Centesimus annus,* de João Paulo II. Vejam-se também o documento do Concílio Vaticano II, *Gaudium et spes*, e os documentos das Conferências Gerais do Episcopado da América Latina em Medellín (1968), Puebla (1979), Santo Domingo (1992) e Aparecida do Norte (2007).

Percebe-se na Doutrina Social da Igreja uma evolução, que vai da visão "patronal" de Leão XIII (revolucionária no seu tempo) até a opção pelos pobres e pela transformação das estruturas socioeconômicas, nos documentos recentes. Nestes, podemos destacar a condenação de um sistema baseado na acumulação de lucros à custa da exclusão das pessoas menos competitivas (Paulo VI, *Populorum Progressio*, n. 26; DzH 4451), a prioridade do trabalho sobre o capital (João Paulo II, *Laborem exercens*, n. 12; DzH 4693), a advertência contra o consumo irrefreado (id., *Sollicitudo rei socialis*, n. 29; DzH 4812) e contra um ilimitado capitalismo de mercado (id., *Centesimus annus*, n. 40; DzH 4907).

O Papa Francisco, além de retomar essa doutrina, lhe acrescentou a dimensão ecológica, o cuidado de "nossa casa comum", que é a Mãe Terra, especialmente na encíclica *Laudato si'* (2015).

Convém lembrar que, além da abertura para o mundo, o motivo principal do Concílio Vaticano II foi, no sentir do Papa João XXIII, o escândalo da divisão dos cristãos, doloroso saldo do segundo milênio (o Cisma Oriental no séc. XI, a Reforma

Protestante no séc. XVI). Reforçando as iniciativas para superar a divisão empreendidas a partir do fim do século XIX, o Concílio deu novo impulso ao *ecumenismo* cristão (com as outras Igrejas cristãs) como também ao *diálogo inter-religioso* (com as outras religiões e cosmovisões)[16].

O ecumenismo, o diálogo inter-religioso e o diálogo com a cultura no seu sentido mais amplo não significam indiferentismo ("todas as religiões são boas"). Significam que queremos conversar com todas as pessoas, sem preconceito ou exclusão por causa de sua religião ou cultura. Queremos escutar a experiência, inclusive religiosa, dos outros e dar testemunho da nossa, sem esconder o que nossa tradição tem de enriquecedor para toda a humanidade. A experiência religiosa deve ser abordada como elemento integrante da experiência humana. Isto, evidentemente, num espírito pluralista. Inclusive, na própria tradição cristã descobrimos uma diversidade de formas e acentos desde as suas origens. Enriquece-nos o contato com outras culturas, as estrangeiras e as das etnias minorizadas em nosso próprio país: a cultura dos índios, dos negros... A tradição cristã e católica pode e deve encarnar-se em outras formas que não as da Cristandade identificada com o Medievo europeu. *Inculturação* em outras culturas é exigência da própria catolicidade, pois católico significa "por todo o universo". Há muitas linguagens capazes de levar a "semente da Palavra" pelo mundo afora[17].

Atualmente, a Igreja vive em meio a forte mudança cultural, em consequência sobretudo das novas tecnologias e da assustadora rapidez da comunicação, que transforma o mundo numa "aldeia global". Isto certamente tem lados positivos. Os resultados das ciências se comunicam com maior facilidade, os direitos humanos podem ser articulados mundialmente, as diversas religiões e cosmovisões entram em diálogo. Paradoxalmente, porém, a "globalização" não produz necessariamente a aproximação mútua das pessoas. Suas possibilidades técnicas nem sempre são assumidas com espírito positivo, as novas tecnologias permitem maior autossuficiência individual, a massificação leva as pessoas a se refugiarem no individualismo ou em grupinhos fechados, por vezes fanáticos, em detrimento do senso comunitário e da compreensão humana universal. Entretanto acrescentam-se aos pobres e miseráveis de sempre os excluídos do novo processo produtivo, os refugiados dos conflitos políticos, as vítimas de novas doenças etc. Tudo isso constitui novo desafio para a vida no espírito de Cristo hoje: o "fim da Cristandade" não ab-rogou o desafio do ser cristão[18].

2.5 A configuração católica da comunidade cristã hoje

> E os que creem em Cristo, [Deus] decidiu chamá-los à santa Igreja, a qual, prefigurada já desde o princípio do mundo e admiravelmente preparada na história do povo de Israel e na Antiga Aliança, foi constituída nos últimos tempos e manifestada pela efusão do Espírito, e será gloriosamente consumada no fim dos séculos (Concílio Vaticano II, Constituição *Lumen gentium*, n. 2).

Os que creem em Cristo são chamados a ser Igreja. O próprio termo Igreja sugere este chamado; significa: "convocação". Ser cristão implica a participação na comunidade dos que acreditam que Jesus é o Cristo, o Messias, e que é chamada a apresentar Cristo ao mundo como "Luz das nações"[19].

Trataremos aqui, concretamente, da participação na Igreja Católica. Não podemos, porém, falar da Igreja Católica sem falar das outras Igrejas cristãs, pois, segundo a lógica, o ser cristão é anterior à pertença confessional. Ser católico é uma maneira de ser cristão, e neste conceito incluem-se as outras confissões. Antes de focalizarmos a Igreja Católica, surge no campo de visão a Igreja cristã como tal. Se a Igreja Católica é a Igreja cristã unida sob a autoridade do bispo de Roma, o Concílio Vaticano II esclarece que também outras Igrejas levam com razão e direito o nome de Cristo e estão de algum modo ligadas a ela[20]. Aliás, todas as religiões e cosmovisões honestas, em diversas maneiras e graus, entram no seu horizonte e são ordenadas para ela[21]. Os cristãos de todas as confissões devem procurar o diálogo com os outros cristãos. As diversas Igrejas cristãs procuram manter esse diálogo no Conselho Mundial de Igrejas, do qual a Igreja Católica participa como membro observador.

A universalidade da Igreja Católica realiza-se, concretamente, nas *Igrejas particulares* (as dioceses), presididas por seus respectivos bispos, que sucedem, nesta função, os apóstolos instituídos por Jesus. Devido à conjuntura histórica, o sucessor de Pedro é o bispo de Roma, com o título de sumo pontífice, ou papa. Este zela pela unidade de todas as Igrejas particulares, articuladas, quanto à pastoral, nas respectivas Conferências Episcopais nacionais e, quanto à organização jurídica, agrupadas em Províncias Eclesiásticas, presididas por um arcebispo[22].

2.6 Incorporação na Igreja e sacramentos da iniciação

> Ide, pois, fazer discípulos de todas as nações e batizai-os em nome do Pai e do Filho e do Espírito Santo (Mt 28,19).
>
> Quem realmente come a minha carne e bebe o meu sangue permanece em mim, e eu nele (Jo 6,56).

A plena incorporação na Igreja Católica supõe, além da fé em Jesus Cristo e a prática de seu mandamento, a plena comunhão sacramental e a aceitação da estrutura visível da Igreja[23]. Por isso, consideraremos a seguir a vida sacramental (§ 2.6-7) e, depois, a estrutura da Igreja, em função da vida cristã (§ 2.8).

A participação na vida eclesial é marcada por *sinais sagrados*, os sacramentos, que realizam a graça que significam, isto é, a realidade da vida divina naquela situação existencial da pessoa expressa nos gestos simbólicos[24]. Na prática católica, são sete. Três dizem respeito à iniciação cristã, que visa à plena participação na comunidade eclesial: o Batismo, a Crisma e a Eucaristia, centro da vida sacramental. Por expressar a integração total na comunidade eclesial, a Eucaristia é chamada comunhão. Os três sacramentos da iniciação, formando uma unidade, originalmente eram administrados no mesmo ato (como se faz na Igreja oriental, e na Igreja latina para os adultos)[25].

Quanto aos outros sacramentos, dois deles significam a restauração ou o reforço da vida cristã quando a pessoa enfraquece: a Penitência e a Unção dos Enfermos. Os outros dois marcam a vocação específica ou estado de vida: o Matrimônio e a Ordem. Estes sete são os sacramentos ou sinais sagrados de Cristo na Igreja, segundo a praxe católica. Não todas as Igrejas cristãs reconhecem os sete sacramentos aqui mencionados; muitas Igrejas da Reforma só reconhecem o Batismo e a Eucaristia, mas guardam eventualmente os outros como ritos piedosos (sobretudo a Penitência e a Unção dos Enfermos).

A *iniciação cristã* tem como primeiro marco o *Batismo*, que se faz professando a fé no Pai, no Filho e no Espírito Santo, ou seja, em nome da Santíssima Trindade ("em nome do Pai e do Filho e do Espírito Santo"). Este sacramento incorpora os novos membros na Igreja, transforma-os em "filhos com o Filho" e lhes dá a graça do Espírito para realizar a missão de Jesus Cristo no mundo de hoje[26].

O Batismo é chamado também "o banho da regeneração", o novo nascimento. Significa a passagem da vida antiga (pecado) para a vida nova em Cristo (graça), assim como o povo de Israel atravessou o Mar Vermelho para entrar na liberdade da Terra Prometida, como o batismo de João Batista expressava a conversão e como Jesus mesmo passou pelo túmulo para ressuscitar no dia da Páscoa. Por isso, a data mais significativa para celebrar o Batismo é a noite pascal, quando se comemora a travessia do Mar Vermelho e a ressurreição do Cristo. Razão pela qual, na liturgia da noite pascal, os fiéis renovam seu compromisso batismal[27].

Ensina-se que o Batismo liberta do pecado. Longe de Deus, a pessoa está sob o domínio do pecado, simbolizado pela morte. Incorporado a Jesus Cristo pela vida nova do Batismo, a pessoa encontra restabelecido o laço com Deus. O pecado então deixa de dominar a vida, e a própria morte, em vez de ser sinal do pecado, torna-se a confirmação definitiva da vida vivida em comunhão com Cristo[28].

O Sacramento da *Crisma*, intimamente ligado ao Batismo, significa de modo especial a unção com o Espírito de Deus e de Jesus Cristo. O Espírito que desceu sobre Jesus por ocasião do seu batismo é simbolizado pelo óleo derramado sobre o novo seguidor de Cristo depois do banho batismal. A Crisma exprime também nossa dignidade de filhos de Deus e a missão de estarmos, como os sacerdotes, reis e profetas do Antigo Testamento, a seu serviço[29].

Como vimos, o centro da iniciação cristã é a *Eucaristia*, a fraterna refeição sagrada em que celebramos o memorial da vida, morte e ressurreição de Jesus Cristo. Essa "fração do pão" é o rito característico dos cristãos. Nela, nós nos alimentamos com o "corpo e sangue" de Cristo, isto é, com a vida que Ele viveu e entregou por nós. Recebemos também a graça de Deus para viver no espírito de Cristo, antecipando desde já a comunhão com Cristo e com Deus para sempre[30].

"Mistério da fé", exclama o sacerdote, depois de narrar, na presença do Pai, a instituição da Eucaristia na Última Ceia. A Eucaristia é mistério, no sentido de uma realidade que é muito verdadeira, mas transcende a percepção comum, profana: a união em torno da refeição que Jesus nos deixou como memorial e "presentificação" do dom de sua vida[31]. Este mistério nos torna solidários uns com os outros. Por isso não deve ser profanada pela falta de fé ou de caridade fraterna[32].

O "MISTÉRIO" CELEBRADO NA EUCARISTIA

"Mistério da fé!": com esta exclamação [...] o sacerdote proclama o mistério celebrado e manifesta o seu enlevo diante da conversão substancial do pão e do vinho no corpo e no sangue do Senhor Jesus, realidade esta que ultrapassa toda a compreensão humana. Com efeito, a Eucaristia é por excelência "mistério da fé": "É o resumo e a súmula da nossa fé".

[A instituição da Eucaristia] teve lugar no âmbito de uma ceia ritual, que constituía o memorial do acontecimento fundador do povo de Israel: a libertação da escravidão do Egito. [...] O memorial da antiga libertação abria-se, assim, à súplica e ao anseio por uma salvação mais profunda, radical, universal e definitiva. É neste contexto que Jesus introduz a novidade do seu dom [...]. Ele dá graças ao Pai não só pelos grandes acontecimentos da história passada, mas também pela sua própria "exaltação". Ao instituir o Sacramento da Eucaristia, Jesus antecipa e implica o sacrifício da cruz e a vitória da ressurreição; ao mesmo tempo, revela-se como o *verdadeiro* cordeiro imolado [...]. Ao colocar o dom de si mesmo neste contexto, Jesus manifesta o sentido salvífico da sua morte e ressurreição, mistério este que se torna uma realidade renovadora da história e do mundo inteiro. Com efeito, a instituição da Eucaristia mostra como aquela morte, de per si violenta e absurda, se tenha tornado, em Jesus, ato supremo de amor e libertação definitiva da humanidade do mal (Papa Bento XVI, Exortação Apostólica *Mysterium caritatis*, n. 6.10).

2.7 Os sacramentos que acompanham a vida do cristão

"Munidos de tantos e tão grandes meios de salvação, todos os fiéis, seja qual for sua condição ou estado, são chamados pelo Senhor à perfeição do Pai, cada um por seu caminho" (Concílio Vaticano II, Constituição *Lumen gentium*, n. 11).

Os sacramentos nos acompanham para que sejamos fecundos na vida cristã inteira. Para ser cristão não basta ser membro da Igreja pela profissão de fé e pelo Batismo. É preciso viver em comunhão com os irmãos e irmãs e fazer frutificar a vida cristã no amor e na justiça para com todos. Quem não produz tais frutos é como ramo seco na árvore[33].

O cristão, mesmo depois do Batismo, pode recair no pecado. Quando a queda é grave e ameaça mortalmente a vida cristã – "pecado mortal", como se diz – , o pecador é instado a procurar o Sacramento da *Penitência* ou da *Reconciliação*, para ser plenamente reintegrado na comunhão dos fiéis. Embora este sacramento, em certo momento da história, tenha recebido a forma de um ato jurídico (absolvição de culpa), o pecado não deve ser visto de modo legalista, como infração contra um código de conduta, mas sim como ruptura da Aliança e da amizade com Deus. A reconciliação deve ser vista, essencialmente, como cura, restabelecimento da saúde espiritual. O pecado é recusa de "caminhar com Deus" (Mq 6,8), revelando uma opção fundamental em sentido contrário. É diminuição da qualidade da vida cristã. Para deixar-se libertar do seu pecado, o cristão se abre na confissão e recebe, por intermédio da Igreja e com a garantia do próprio Jesus, a absolvição da parte de Deus[34].

A enfermidade física, especialmente em estado grave, é a imagem da precariedade e da fragilidade humana. Nesse momento, o cristão precisa do apoio especial da comunidade dos fiéis e da graça divina. Isso lhe é dado no Sacramento da *Unção dos Enfermos*, administrado pelo ministro em nome da comunidade (cf. Tg 5,14-16)[35].

O Sacramento do *Matrimônio* significa que a comunhão de amor que os esposos cristãos estabelecem entre si é um sinal sagrado[36]. Como realidade "criatural", a união matrimonial tem valor em si, mas é também imagem do amor de Deus em Cristo

Jesus, que amou sua comunidade e deu sua vida por ela (cf. Ef 5,25). Por isso, celebrado entre pessoas que aderem a Cristo, o matrimônio não é mera união natural ou civil, mas sacramento. O matrimônio sacramental é o sinal de que os esposos são dados um ao outro, por Deus, de modo mútuo e definitivo. Ora, como sinal do amor fiel de Deus, o matrimônio sacramental só realiza plenamente seu sentido se a união for fiel. Por esta razão, é indissolúvel. Se fracassa, um novo matrimônio *sacramental* é impossível enquanto os parceiros estiverem vivos. Em tal caso, é preciso procurar o diálogo pastoral para ver como realizar da melhor maneira, nessas circunstâncias, a vida cristã[37].

O Sacramento da *Ordem* é conferido àqueles que, pela Igreja, são constituídos para exercer os serviços da comunidade[38]. Há três graus no ministério ordenado. A plenitude do ministério está nos *bispos*, aos quais é confiada a missão de santificar, governar e ensinar, em comunhão com o papa, nas respectivas Igrejas particulares onde lhes cabe atuar. Os *presbíteros* (comumente chamados padres ou sacerdotes) são os colaboradores dos bispos para dirigir as comunidades (paróquias) da Igreja particular e exercer as funções sagradas, especialmente a de presidir a celebração da Eucaristia. Os *diáconos* são colaboradores do bispo a serviço da comunhão e da caridade fraterna. Em resumo: os bispos, unidos colegialmente e presididos pelo papa, têm a responsabilidade das respectivas Igrejas particulares (dioceses), nas quais os presbíteros presidem as comunidades, especialmente na Eucaristia, e os diáconos garantem a diaconia ou serviço da caridade[39].

Fora dos ministérios ordenados e permanentes, muitos serviços podem, por delegação, ser exercidos por ministros extraordinários, temporários, não ordenados: ministros extraordinários do Batismo, da Crisma, da Eucaristia, da Palavra, dos Enfermos etc. Pode-se pensar em ministros extraordinários para preparar quem quer receber o Sacramento da Penitência, para assistir a celebração do Matrimônio, e assim por diante[40].

2.8 O povo de Deus e o culto que é a vida

> Eu vos exorto [...] a vos oferecerdes em sacrifício vivo, santo e agradável a Deus: este é o vosso verdadeiro culto (Rm 12,1).

A vida eclesial não deve ser vista pelo lado clerical, como se fosse coisa dos ministros ordenados. É obra de todos os fiéis, em todas as dimensões da vida. O Novo Testamento exprime isso lembrando o povo sacerdotal da Antiga Aliança, pois Deus havia escolhido Israel para ser o seu povo particular, seu "sacerdócio régio", para santificar seu nome no meio das nações[41].

Pelo Batismo, o cristão participa da missão régia, profética e sacerdotal do Cristo, ou seja, da dimensão de governo, ensino e santificação na Igreja. Esta participação se concretiza de modo diverso segundo o lugar e papel de cada um na Igreja.

AS DIVERSAS VOCAÇÕES NA IGREJA			
vocação comum,			
	missão hierárquica, conferida pelo Sacramento da Ordem aos		
conferida	*sucessores dos apóstolos* (colégio dos) bispos (entre os quais o sucessor de Pedro = o papa)	*e seus cooperadores:* – diáconos – (colégio dos) presbíteros	pelo Batismo
a todos os fiéis (= leigos)			

Todos os cristãos são chamados a celebrar, no meio do mundo, a santidade e o amor de Deus, manifestado em Jesus e comunicado pelo Espírito Santo. O dom ou sacrifício oferecido nesse culto é a própria vida, o amor fraterno, o trabalho, o empenho pela justiça, pela família... tudo o que for nobre e digno, em uma palavra, a vida inteira. Neste sentido, o "sacerdócio comum dos fiéis" é a vida do verdadeiro cristão, e o sacerdócio ministerial dos ministros ordenados está a serviço do sacerdócio dos fiéis[42].

Mas então, se todos participam do mesmo sacerdócio do povo de Deus, como se explica a diversidade de graus e posições na Igreja? Na realidade, muitos "graus" na Igreja não passam de atribuições pragmáticas ou históricas (cardeal, monsenhor, cônego etc.). No nível mais profundo, porém, podem-se distinguir *diversas vocações* na Igreja, todas elas de igual dignidade e participantes da missão sacerdotal universal do povo de Deus[43].

Segundo a missão eclesial pode-se distinguir entre os "leigos", que constituem o *laicato* (*laikós* = membro do povo de Deus), e os "ministros ordenados", que constituem a *Hierarquia* (o papa e os demais bispos, assistidos pelos presbíteros e diáconos, todos eles estabelecidos, pelo Sacramento da Ordem, a serviço da comunidade).

Distinguindo *segundo a forma de vida*, temos por um lado a vida *secular*, dos que vivem como cidadãos no mundo, com autonomia pessoal (neste sentido, tanto os leigos como os ministros ordenados que não pertencem a uma ordem religiosa são chamados de "seculares"). E por outro lado, a vida *religiosa,* quando se participa de um instituto (ordem, congregação) de vida religiosa, regulada pelos "votos religiosos" de obediência, pobreza e castidade (cf. § 3.4). Existem também formas intermediárias entre a vida secular e a vida religiosa, como os institutos seculares, as comunidades leigas de vida consagrada etc.

AS FORMAS DE VIDA CRISTÃ E A MISSÃO ECLESIAL

	Missão eclesial	
Forma de vida	*Laicato*	*Hierarquia eclesiástica*
secular	– José da Silva, pai de família: é um fiel comum, *leigo* vivendo no mundo, *secular*. – O mesmo vale de sua esposa, Dona Maria, que é ministra extraordinária da Eucaristia.	– Padre Luís não é de ordem religiosa, ele é *secular*, mas pertence, como *presbítero*, à Hierarquia. É "padre secular". – Também o Sr. Odorico, casado e pai de família, ordenado *diácono*, é *secular* e pertence à Hierarquia, pois é "diácono permanente" (que pode ser casado ou não).
religiosa	– Irmão Antônio, capuchinho, é *religioso*, mas como não é diácono, nem presbítero nem bispo, é *leigo* quanto ao múnus eclesial. – Irmã Teresinha é *religiosa*, porém, quanto ao múnus eclesial, *leiga*.	– Dom Luciano é jesuíta, portanto, *religioso*, e quanto à função, *bispo*, portanto, membro da Hierarquia. – Assim também são *religiosos* com ordenação eclesiástica e, portanto, pertencendo à Hierarquia: Padre Tiago, salesiano e *presbítero*, e Frei Desidério, franciscano e *diácono* permanente.

Hoje, talvez mais do que antes, por causa da crescente possibilidade de se levar uma vida autônoma, muitas pessoas pretendem ser cristãs sem participação ativa na vida eclesial, apelando inclusive para a presença do Espírito Santo em sua vida pessoal. Mas, se a Igreja é o "Corpo de Cristo" e o Espírito Santo a "alma" que o anima[44], seria um inadmissível dualismo separar a alma do corpo, ou seja, querer ser cristão espiritualmente, sem viver sua fé e prática em união com a Igreja[45].

À luz do que acabamos de dizer vale acentuar que o Concílio Vaticano II descreve a Igreja no primeiro lugar como povo de Deus. Esse acento, que tem raízes na teologia bíblica da Aliança, muda a imagem da Igreja que se cristalizou no decorrer dos séculos. A Igreja não é a Hierarquia, como muitas vezes parece na linguagem cotidiana, na imprensa e até em certos documentos da Igreja. E quem critica "a Igreja", dizendo que "a Igreja" faz isso ou aquilo de errado, pensando só na Hierarquia, esquece que todo fiel é Igreja. Todos são irmãos, e Senhor e Mestre é só Jesus. Evidentemente, precisa-se de funções de liderança, mas a base disso é que todos constituem a Igreja, são membros do povo, o que, na linguagem antiga, se chama *laikoi*, "leigos".

Ampliando a perspectiva, dizemos que somos, em primeiro lugar, chamados à humanidade junto com os outros seres humanos. No seio da comunidade humana há os que confessam o nome de Jesus, em suas respectivas comunidades cristãs: esses são os membros do povo de Deus em Cristo, os "leigos". No meio desse povo de leigos alguém pode ser chamado a um serviço específico, inclusive hierárquico ou de governo. Ora, importa cuidar de que todos possam participar plenamente da vida do povo de Deus e que não se abra um abismo entre os serviços de governo e os demais fiéis. Todos os cristãos devem poder dizer: "A Igreja somos nós".

Para que conservassem sua palavra e sua prática, Jesus chamou seus seguidores a formar comunidade: a Igreja. Enquanto animada pelo espírito de Jesus, ela se configurou como comunidade de amor fraterno e solidariedade material.

Depois de séculos de perseguição a Igreja tornou-se, por força das circunstâncias, a guardiã da cultura ocidental e, ao mesmo tempo, um poder político: a Cristandade medieval e pré-moderna. Nessa configuração, a Igreja se identificava com a sociedade. Isso teve por consequência que muitos eram batizados sem opção pessoal, apenas por razão das circunstâncias sociais e culturais. Além disso, a Igreja entrou em conflito com as tentativas de reforma em seu próprio seio e com a emancipação política e cultural da sociedade moderna.

Depois de uma reação exageradamente defensiva, a Igreja moderna aprendeu, sobretudo com o Concílio Vaticano II, a ler os sinais dos tempos, a abrir-se ao sopro do Espírito e aos anseios do mundo, e a entrar em diálogo com as perguntas da sociedade e da própria comunidade eclesial.

Considerando então o ser da Igreja cristã, dizemos que ela é a comunidade dos que aderem a Jesus como o Cristo, o Messias. Ela continua a vocação do antigo "povo eleito", agora porém reunido em Cristo Jesus, num corpo bem articulado e animado pelo Espírito que Ele mesmo recebeu do Pai.

Nesse corpo, os fiéis são incorporados pelos sacramentos da iniciação cristã: pelo Batismo com a profissão de fé em nome do Pai e do Filho e do Espírito Santo; pela Crisma ou unção que significa a configuração com o Cristo, o "Ungido" do Pai; pela Eucaristia ou banquete fraterno, no qual Jesus se faz presente como alimento para a prática de nossa vida. Os outros sacramentos acompanham o caminho dos que, por essa incorporação, são qualificados como "cristãos".

Assim, tudo o que o cristão faz na vida é o "verdadeiro culto" que o povo cristão oferece a Deus. Os ministros ordenados estão a serviço de tudo isso, mas todos os cristãos conscientes devem dizer: "A Igreja somos nós".

3
A VIDA DO CRISTÃO

O caminho do amor fiel: mística e ética

A vida do cristão é a vida centrada em Cristo, mas como a vida de Cristo era centrada no amor de Deus a ser repartido entre todos, também a vida do cristão estará a serviço desse plano de amor.

Tal visão destoa da sociedade hedonista em que vivemos e que não gosta de ouvir falar em cruz e sacrifício. Essa sociedade nos convida a gozar o máximo que pudermos, mesmo à custa dos outros. Mas o cristão consciente vê que o caminho de Jesus não é por aí: é o caminho da doação da própria vida, quer vivendo, quer morrendo, como Jesus nos mostrou. Isso não significa que o cristão goste de sofrer ou de fazer sofrer. Mas, contrariamente à sociedade em que vivemos, o cristão não se esquiva do sofrimento, desde que seja por causa do amor e para que seus irmãos e irmãs na humanidade possam participar da plenitude da vida que Deus criou para todos.

Assim, a prática da vida cristã pode ser descrita como mística e ética. A mística é a contemplação de Jesus, pela qual a gente vê a própria vida em unidade com a de Jesus. "Para mim, viver é Cristo" disse São Paulo (Fl 1,21) (§ 3.1-4). A ética (ou moral) significa o modo de proceder em conformidade com os valores que orientam a comunidade cristã: os valores que Jesus nos ensinou por sua própria prática de vida. A vida cristã é seguir Jesus pelo caminho que Ele trilhou, julgando a realidade como Ele julgaria e agindo como Ele agiria nas circunstâncias de hoje (§ 3.5-9).

Para julgar e agir eticamente como Jesus é preciso tê-lo diante dos olhos: seu ensinamento, sua prática de vida. Não há ética cristã sem o momento místico, que nos faz ver a realidade de Deus que transparece em Jesus. Jesus é o rosto de Deus que projeta sua luz sobre o caminho do nosso viver. Trilhar nosso caminho à luz de Cristo é viver diante da face de Deus.

3.1 A oração e a liturgia

> Cristo está sempre presente à sua Igreja, especialmente nas ações litúrgicas (Concílio Vaticano II, Constituição *Sacrosanctum Concilium*, n. 7).

A *mística* cristã, no seu sentido mais simples, consiste essencialmente em ter sempre Jesus diante dos olhos e, nele, Deus mesmo (cf. Jo 14,9). Para isso servem a contemplação, a meditação e todas as formas de oração, nas quais a atenção se volta expressamente para Deus, em forma de diálogo, quer mental, quer expresso em palavras e gestos[1].

Ser cristão é participar da comunidade dos seguidores de Jesus. Por isso, a grande escola de oração é *a oração da comunidade*: a liturgia, o culto, os sacramentos. Aí, o fiel aprende as palavras e o ritmo cotidiano para o contínuo diálogo com Jesus Cristo e Deus.

A oração da comunidade cristã é, por excelência, o "Pai-nosso", rezado de modo significativo na Eucaristia, entre a recordação das palavras de Jesus na Última Ceia e a comunhão do pão e do vinho. A versão usada entre nós soa assim:

> "Pai nosso, que estais nos céus,
> santificado seja vosso nome,
> venha a nós o vosso reino,
> seja feita a vossa vontade
> assim na terra como no céu.
> O pão nosso de cada dia nos dai hoje.
> Perdoai-nos as nossas ofensas,
> assim como nós perdoamos aos que nos têm ofendido.
> E não nos deixeis cair em tentação,
> mas livrai-nos do mal"[2].

A liturgia é "ofício do povo (de Deus)", celebração "oficial" da Igreja enquanto comunidade, celebração dos sacramentos e dos sacramentais (ritos sagrados menores, sem serem sacramentos). Nestes momentos de oração comunitária, toda a Igreja está unida. Temos assim

• a Eucaristia obrigatória no domingo (ou sábado à noite)[3];

• a Eucaristia cotidiana, a critério da piedade de cada um;

• a celebração dos demais sacramentos e sacramentais, a Liturgia dos Defuntos etc.

• a "Liturgia das Horas", ou "Divino Ofício", oração oficial da Igreja, prescrita aos religiosos e aos ministros ordenados nas principais horas do dia, mas participada também por muitos outros fiéis.

Ao lado da liturgia oficial celebram-se também muitas orações comunitárias paralitúrgicas (cf. § 3.2). Embora não "oficiais", têm aos olhos de Deus todo o valor da oração de seu povo e, para os fiéis, são muitas vezes a única forma de oração comunitária a que têm acesso.

A oração litúrgica é organizada ao ritmo do *ano litúrgico*, que começa no fim de novembro/início de dezembro. Começa pelo ciclo natalino, que abrange o Advento (quatro semanas de preparação para o Natal) e as festas de Natal (nascimento de Jesus), Mãe de Deus (uma semana depois), Epifania (Festa dos "Reis Magos") e Batismo do Senhor. Depois de seis a onze semanas do tempo comum começa então o ciclo pascal. Este se inicia com a Quaresma, tempo de preparação da Páscoa, que desemboca na Semana Santa da Paixão e Morte de Jesus e na Páscoa da Ressurreição. O tempo pascal continua nos domingos pascais e na Festa da Ascensão do Senhor, até Pentecostes inclusive (7 semanas). Segue então a segunda série de domingos do tempo comum, até o fim do ano litúrgico. Pode-se representar isso pelo seguinte esquema, no qual a Páscoa aparece como o centro do ano litúrgico, mas também como o memorial da morte e ressurreição de Cristo presente em cada celebração dominical, de modo que o domingo pode ser chamado "a Páscoa semanal"![4]

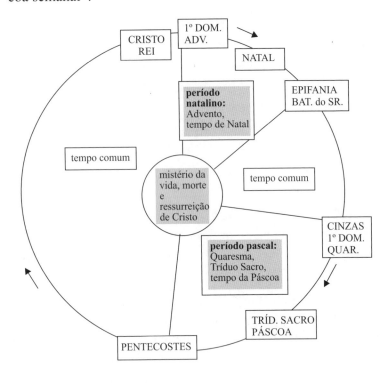

A celebração da Eucaristia, ou Santa Missa, comporta uma parte dedicada à leitura dos textos bíblicos (liturgia da Palavra, "Mesa da Palavra") e uma parte em que se recorda a Ceia de Jesus (liturgia eucarística, "Mesa da Eucaristia").

O Concílio Vaticano II reformou a liturgia para que a *Mesa da Palavra* fosse "ricamente preparada", apresentando todo o Novo Testamento e os principais trechos do Antigo Testamento, num roteiro de três anos[5]. Em cada primeiro ano desse ciclo trienal, as leituras do Evangelho são tomadas de Mateus (ano A), no segundo ano, de Marcos (ano B), no terceiro ano, de Lucas (ano C). O Evangelho segundo João é lido cada ano durante o tempo pascal.

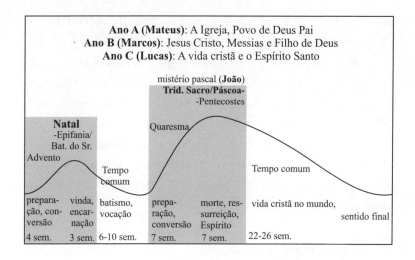

A Mesa da Palavra conduz naturalmente à *Mesa da Eucaristia*. "Eucaristia" significa ação de graças. Damos graças porque Jesus, na sua morte e ressurreição, comprovou o amor de Deus dando sua vida por nós e fazendo-nos participar dela. O memorial da morte e ressurreição de Jesus confere à Mesa da Palavra o seu sentido profundo: o que Jesus ensina pela palavra, Ele o comprova pelo dom da própria vida, celebrado na Eucaristia[6].

A liturgia é essencialmente celebração do "mistério", memorial transmitido de geração em geração. Na liturgia bate o coração da Igreja. Nela, se inflama nossa vida interior para transmitirmos essa chama. Por isso, a preocupação de "atualizar" a liturgia não deve invadi-la a ponto de expulsar o mistério. Decerto devemos, na liturgia, ter no coração o carinho pelo mundo e seus problemas, e também exprimi-lo, na homilia, na oração dos fiéis, na palavra do envio. Mas o coração deve antes de tudo alimentar-se com o "mistério" do dom da vida de Jesus[7].

Essa celebração do mistério não é uma coisa intimista, individualista. Ela acende a comunidade toda, unida no silêncio, na oração, no canto, na entrega e na elevação da alma, enquanto traz no coração as necessidades da humanidade. É esse o "ofício do povo" (cf. o grego *leit-urgia*), a participação do povo de Deus na tradição viva que sustenta sua vida.

Um grave perigo, porém, ameaça esse admirável "ofício do povo de Deus". Desconhecendo o espírito do Concílio Vaticano II, surgem, duas gerações depois, pessoas que tendem a introduzir, além das modas espúrias de certo "populismo litúrgico", excrescências e costumes obsoletos, que escondem a estrutura essencial da liturgia. É mister prevenir este perigo, sem reprimir a genuína religiosidade popular, que deve ser valorizada no seu lugar e tempo certo, como exporemos a seguir (§ 3.2).

3.2 As muitas maneiras de orar

> A religiosidade do povo, em seu cerne, é um acervo de valores que responde com sabedoria cristã às grandes incógnitas da existência (Documento da III Conferência Geral do Episcopado Latino-Americano, Santo Domingo 1979, n. 448; DzH 4623).

Há muitos momentos e modos de orar. O antigo catecismo aconselhava a oração pessoal no início e no fim do dia, antes do trabalho e nas tentações e perigos. Muitos cristãos cultivam a meditação cotidiana, procuram de vez em quando momentos de retiro ou de recolhimento etc.[8] A comunidade cristã promoveu sempre formas de oração não litúrgica, para que também os que vivem longe dos mosteiros pudessem ter seus momentos de "mística", de oração meditativa, individualmente ou em grupo: o rosário, a via-sacra, o louvor, a adoração do Santíssimo[9]. Os fiéis têm a liberdade de desenvolver ou de adotar formas de oração novas ou provindas de outras tradições: mantras, oração de Jesus...

Desde o início da Igreja, as formas adotadas pela oração e piedade cristã se alimentaram da experiência religiosa de judeus e não judeus[10]. Também hoje, experimentadas formas ou técnicas de oração provindas de outras religiões podem ajudar os cristãos na sua oração, desde que centradas em Jesus Cristo, que é o rosto de Deus para nós. As formas afro-brasileiras e ameríndias de expressão religiosa devem assim encontrar plena cidadania em nosso meio.

A concentração da mente em Deus se exprime também, e de modo exímio, na arte: arquitetura, pintura, música, dança... Por isso se diz: "Quem canta reza duas vezes"[11]. Davi dançava diante da arca do Senhor (2Sm 6,12-15). A cultura afro-brasileira sugere o uso da dança como expressão dos sentimentos na presença de Deus. Os ícones do antigo cristianismo grego e os vitrais das catedrais medievais foram chamados a Bíblia dos iletrados[12], mas também os letrados os contemplam com grande fruto.

As expressões religiosas sejam dignas e belas, desde os templos até a liturgia da Eucaristia ou culto dominical. A beleza é uma forma de expressar tanto a gratidão e a admiração, como o que há de dramático na vida. As expressões religiosas estejam, pois, de acordo com os sentimentos que queremos entregar a Deus. Por isso não se participa da liturgia em postura e roupa quaisquer, mas com dignidade, expressando o sentido do sagrado no próprio corpo[13].

3.3 A devoção aos santos e a Maria, Mãe de Jesus

> O verdadeiro culto dos Santos não consiste tanto na multiplicação dos atos externos quanto na intensidade do nosso amor efetivo, pelo qual procuramos nos santos o exemplo de sua vida, a participação de sua comunhão e a ajuda de sua intercessão (Concílio Vaticano II, Constituição *Lumen Gentium*, n. 51).

Para nosso povo é muito importante a veneração dos santos. Por ela, o cristão se identifica até certo ponto com os que antes dele viveram, de modo admirável, a comunhão com Cristo e o seguimento de seu caminho. O pensamento piedoso voltado para os santos nos transforma segundo o modelo deles e nos leva a recebermos a alegria profunda que marcou sua vida. Assim, os santos não devem ser vistos em primeiro lugar como especialistas para resolver determinados problemas materiais, mas como irmãos nossos que encarnam o amor de Deus e assim nos aproximam dele[14].

A veneração da Virgem Maria, Mãe de Jesus – este é seu título principal! –, tem como fundamento teológico o desejo de Deus para manifestar, no meio de nós, seu amor na pessoa de um verdadeiro ser humano, Jesus de Nazaré. A ligação íntima entre um filho humano e sua mãe não está fora desta "economia" de Deus, pelo contrário, ocupa nela um lugar primordial. Maria foi associada ao agir sobrenatural de Deus desde o início, desde que Deus suscitou nela o filho Jesus, e mesmo antes disso, desde que ela mesma foi concebida, sem ser escrava do pecado das origens – como reza o dogma da Igreja Católica[15]. Acrescenta-se a isso o fato de Maria manifestar, por assim dizer, o rosto maternal de Deus – traço muito significativo para nosso povo, marcado pela opressão[16].

3.4 "Espiritualidades" e vida pastoral

> Não cessamos de orar por vós para que chegueis a conhecer plenamente a vontade de Deus com toda a sabedoria e discernimento espiritual (Cl 1,9).

Vida cristã é viver com o olhar e o coração voltados para Cristo. Ora, para o tempo de sua ausência, Jesus deixou-nos o seu Espírito (Jo 14,16-17). A presença, na vida cristã, do Espírito que é de Deus e de Jesus (Jo 16,13-15), chama-se *espiritualidade*. Vida cristã não é adesão a uma ideologia ou a um esquema de comportamento, mas inspiração, ser movido pelo Espírito, fruto da mística.

Da mística da vida cristã surgiram, no decorrer dos séculos, as mais variadas formas de vida religiosa, formas de vida consagrada a Deus por votos específicos, normalmente de pobreza, obediência e castidade[17]. Temos assim, na Igreja, eremitas que se retiram do mundo para orar com maior intensidade e aconselhar melhor quem os procura (cartuxos, carmelitas...); monges e monjas que se retiram do mundo para a oração comunitária, o canto litúrgico e o estudo (beneditinos, cistercienses...); religiosas e religiosos, inclusive presbíteros, de vida comunitária (agostinianos, premonstratenses...); pregadores mendicantes (dominicanos, franciscanos...); missionários e missionárias (jesuítas, redentoristas, a maioria das congregações modernas...); ensinantes, hospitalares, voluntários para resgate de escravos, irmãos e irmãs dos pobres...

Hoje em dia muitos procuram realizar o ideal da vida religiosa inserindo-se no meio do povo mais simples. Foram sobretudo as mulheres de vida consagrada que deram o exemplo neste sentido.

Também as pessoas que não abraçam a vida religiosa, tanto sacerdotes como leigos, têm seus grupos ou movimentos de espiritualidade, das mais diversas orientações: grupos de espiritualidade profissional (médicos, juristas, ensinantes...); espiritualidade da família; espiritualidade da oração, espiritualidade carismática; irmandades de veneração de determinados santos; irmandades de ajuda aos pobres (Conferências Vicentinas); grupos de reflexão de fé e política, de oração pela arte...

O compromisso prático da vida cristã deve nascer da mística. Não o ativismo, mas o saber-se amado por Deus em Jesus Cristo é que deve inspirar o engajamento pastoral. Assim, a primeira metade do século XX viu florescer a Ação Católica e outras formas de atuação cristã dos leigos no mundo. Depois do Concílio Vaticano II, muitas dessas forças foram integradas nas diversas dimensões da ação pastoral orgânica da Igreja, as "pastorais"[18]: pastoral operária, pastoral da terra, pastoral política, pastoral da mulher, da criança, da juventude, pastoral universitária, pastoral litúrgica, pastoral bíblica, pastoral da família, pastoral da "segunda união" (dos recasados)... demais para enumerar.

Não há, portanto, oposição entre mística e ação. A ação do cristão no mundo é a exteriorização de sua mística, de sua união com Jesus Cristo; e a mística é a base alimentadora da ação. Ainda que, conforme o carisma de cada um, o acento possa cair mais numa ou noutra dimensão.

O cristão é místico na ação[19]. *Místico*, porque não age por obrigação ou autoafirmação, mas por ser atraído por Deus que ele contempla em Jesus de Nazaré. Místico *na ação*, porque sua mística não é um fim em si, mas participação na obra, no dom da vida do próprio Jesus.

Tal é a mística cristã. O olhar místico não é cego, pelo contrário, ele é como o de Moisés, que conduziu seu povo "como se visse o Invisível" (Hb 11,27). O místico percebe em todos os seus caminhos a presença do Deus invisível – no caso do místico cristão: quando ele trilha o caminho de Jesus.

3.5 O seguimento de Cristo na prática

> Se alguém quer vir após mim, renuncie a si mesmo, tome a sua cruz e siga-me! (Mc 8,34)
>
> Eu sou o caminho, a verdade e a vida (Jo 14,6).

Se pela mística – pela oração, pela contemplação, pela memória – o cristão tem Jesus diante dos olhos, a dimensão ética visa ao *agir* na prática. Mas para orientar esse agir segundo o modelo de Jesus, que viveu dois mil anos atrás, precisamos de mediação. Jesus não deixou um receituário para pronta aplicação. Tal mediação para o agir podem ser os *valores* percebidos por todas as pessoas que procuram viver eticamente: a ética humana em geral. Por isso é preciso ser gente para ser cristão! Mas esses valores humanos devem ser vistos à luz de Cristo, e essa iluminação por Cristo é conservada *em sua comunidade*, que – acredita-se – transmite e interpreta de modo autêntico sua memória na teoria e na prática.

A assimilação cristã de valores éticos teve, desde o início da Igreja, principalmente duas fontes. Por um lado, sob influência da moral bíblica, voltada para a ação concreta, a moral cristã foi formulada em forma de *mandamentos*, como a Lei do Antigo Testamento. Por outro lado, a influência da cultura greco-romana mostrou-se na formulação das *virtudes* (atitudes) e na noção da *consciência* da dimensão moral de nossas ações (na linguagem bíblica: "o coração"). Mas o fundamento em que devem estar apoiadas essas mediações, esses mandamentos e virtudes, a "alma" da moral cristã, é o seguimento de Cristo[20].

Finalmente, o agir moral deverá levar em consideração que cada *situação* humana é única e exige um juízo que leve em conta essa unicidade.

3.6 Mandamentos e virtudes

> Conheces os mandamentos... (Mc 10,19).

> Ocupai-vos com tudo o que é verdadeiro,
> digno de respeito ou justo, puro, amável ou honroso,
> com tudo o que é virtude ou louvável (Fl 4,8).

A mediação mais tradicional para concretizar o agir cristão é o que a Bíblia chama de *mandamentos* e que nós hoje chamamos de *normas e leis morais*. O próprio Jesus assumiu os mandamentos da Lei judaica, dando-lhes uma interpretação mais profunda, mais conforme à vontade de Deus, que, graças a sua união interior com Ele, conhecia de modo perfeito[21].

Jesus resumiu todos os mandamentos no duplo supremo mandamento: "Amarás o Senhor teu Deus, com todo o coração, com toda a alma e com todas as tuas forças, e teu próximo como a ti mesmo" (Mc 12,28-34)[22]. Esse mandamento único é, porém, um tanto vago. Precisa ser concretizado pelos demais *mandamentos*. Com base na origem judaica de Jesus, a ética cristã se orienta pelos Dez Mandamentos (o Decálogo) do Antigo Testamento, transmitidos pela catequese da Igreja, numa forma bastante simplificada[23].

A regra suprema do seguimento de Jesus é o amor fraterno, a caridade. Hoje convém purificar o conceito do amor, pois o termo é muitas vezes abusado para indicar atitudes egoístas e meramente instintivas. Amor é dedicar-se ao bem do outro, não por obrigação, mas livremente, julgando o outro mais importante que a própria pessoa e olhando a vida a partir dele. A Bíblia chama isso "amar ao outro como à própria alma", como ao núcleo da própria vida[24].

A fonte e fundamento do amor cristão é o amor de Deus para com os seres humanos, seus "filhos e filhas". O "outro", especialmente o outro necessitado, apresenta-se em nossa vida como alguém recomendado por Deus[25].

Além dos mandamentos, as cartas dos apóstolos aconselham – no estilo da ética grega – as *virtudes*, "forças" morais, baseadas nos hábitos e atitudes das pessoas honestas de qualquer cultura, porém vistas à luz de Cristo e praticadas no seu espírito. Neste sentido, Paulo fala do "fruto do Espírito": amor, alegria, paz, paciência, amabilidade, bondade, lealdade, mansidão, domínio de si[26]. Aos poucos, os mestres cristãos sistematizaram esses modelos, dando forma à tradicional moral cristã.

Esta é uma grande ajuda para seguir o caminho de Jesus, desde que se procure sempre viver no seu Espírito, evitando tornar-se escravo da letra (2Cor 3,6).

Em última instância, o agir cristão é decidido pela convicção da *consciência*. Temos que "seguir nossa consciência", mas esta deve ser esclarecida por normas e exemplos morais interpretados no espírito de Cristo. Em tal agir conforme a consciência existe a *liberdade cristã*, condição indispensável para um cristianismo sereno e alegre[27].

3.7 Aqui e agora

> A paz é, adequada e propriamente, chamada "a obra da justiça" (Concílio Vaticano II, Constituição *Gaudium et Spes*, n. 78; cf. Is 32,17).

A sociedade em que vivemos nos torna muito egoístas. Afagando nosso "ego" pela propaganda e pela publicidade, suscita necessidades artificiais e cria a ilusão de que, graças aos meios técnicos e às posses materiais, podemos fazer tudo o que queremos. Sentimo-nos onipotentes, mas quando a realidade nos decepciona, entramos em depressão... Ora, a consciência em paz é o melhor remédio contra o *stress*. A ética cristã da dedicação ao próximo é o melhor remédio contra os males da vida moderna, como ensinou já SãoVicente de Paulo à sua filha espiritual Maria Luíza de Marillac.

No que concerne à *ética individual*, importa acentuar, hoje, os valores da gratuidade e do autodomínio, para corrigir a tendência a entregar-se ao mero instinto e a submeter os outros aos próprios desejos e impulsos. Em torno da generosidade e do autodomínio crescem então os outros valores humanos que se coadunam com Jesus e o Evangelho: o respeito, a moderação, a sensibilidade, a generosidade, a disposição em ajudar e se empenhar, encarnação – no nível pessoal e intersubjetivo – daquilo que a Bíblia chama "amor".

Não basta, porém, uma ética individual. Mais que em tempos idos, sentimos a necessidade de uma *ética da coletividade*. Esta deve penetrar até as estruturas da sociedade, pois há coisas que com toda a boa vontade não dependem da ação de um indivíduo, por mais bem-intencionado que seja. Na atual constelação do mundo é urgente a justiça social, a justa distribuição dos bens em vista da reconstituição do tecido social. Os bens da criação são para todos. Ninguém é dono da criação, senão o Deus Criador. As pessoas humanas são apenas gerentes: devem gerenciar, conforme suas capacidades, os dons da criação para o bem de todos[28]. Há diversas teorias ou ideologias que pretendem orientar a administração dos bens materiais, a economia, a política. Embora tais ideologias sejam necessárias, nenhuma delas é perfeita. Há bastante incerteza quanto às ideologias políticas e sociais, mas sabemos com certeza que é impossível gerenciar o mundo para o bem de todos quando a própria organização da sociedade exclui sistematicamente uma parte da população. Neste sentido, fala-se até em "pecado social"[29].

A ética da coletividade desenvolveu-se muito nos últimos séculos. Um primeiro aspecto é a ética social e política de cada coletividade internamente. Outro, a ética das diversas coletividades em suas relações mútuas: a ética internacional e a ética do desenvolvimento dos povos. Na mesma linha situa-se a busca da paz, visando a superar o espírito de agressividade que tantas vezes reinou no mundo[30]. Ultimamente, a ética da coletividade focaliza também a responsabilidade pelos bens da criação, a proteção do ambiente humano e de toda a natureza: a ecologia, ou seja, o cuidado da "casa" (*oikos*) que Deus nos confiou[31].

A solidariedade e a participação de todos são essenciais para criar uma comunidade humana que corresponda à vontade de Deus, que Jesus chamou o "Reino de Deus". Esse Reino "não é deste mundo", é de Deus. Não pertence aos poderes deste mundo, mas precisa, isso sim, ser implantado na realidade histórica deste mundo. Como a história bíblica nos ensina, a libertação da opressão, a eliminação da desigualdade e da discriminação são o muro de arrimo do "novo céu e da nova terra, onde habita a justiça"[32].

3.8 Uma opção fundamental

> Sabemos que passamos da morte para a vida,
> porque amamos os irmãos (1Jo 3,14).

O que qualifica o valor da vida humana é a opção fundamental que a norteia. Nos momentos de fazer uma opção consciente, a pessoa revela a orientação, o sentido global e o valor ético de sua vida. Opção que para o cristão está intimamente ligada à opção da fé por Cristo.

Quem dirige um carro e realmente quer chegar a uma determinada cidade, vai optar em cada encruzilhada segundo a escolha, pelo menos implícita, que o leva a esse destino. Pode até duvidar e enganar-se em alguns casos, mas, se for sensato, na próxima encruzilhada procurará corrigir a trajetória.

Do mesmo modo, uma opção moral fundamental orienta nossa vida e lhe define o valor e a orientação decisiva. Essa opção que, ao menos implicitamente, orienta a nossa vida, é como o olhar, muitas vezes inconsciente, que observa o horizonte de nossos atos. Determina o significado de nossa prática de vida, colocando-a no seu contexto global. Se alguém opta só por si, as coisas boas que faz serão apenas pedrinhas para a construção de seu egoísmo. Se alguém opta por ser uma pessoa boa, dada ao próximo, suas imperfeições e erros serão falhas a serem corrigidas – como um motorista sensato corrige seu trajeto na primeira oportunidade depois do erro...

A Bíblia exprime a consciência da opção fundamental pelo tema dos dois caminhos[33]. A opção ética cristã fundamental é a que opta por não fazer dos próprios interesses e da própria pessoa o centro da vida e do mundo, mas por "des-centrar" a vida, fazendo do irmão ou irmã o centro do empenho da própria vida, segundo o exemplo de Cristo[34].

Não são, pois, os atos isolados, fora de seu contexto, que definem o valor ético da trajetória cristã, mas o projeto que o fiel procura pôr em prática. Isso não nega o valor e significado intrínseco dos atos morais particulares. Matar é matar, roubar é roubar. Mas, para o fiel, o não matar e o não roubar recebem seu valor do projeto cristão que norteia essas atitudes: a vontade de imitar o Cristo, de querer ser um outro Cristo no mundo.

Assim entendemos por que São João diz, por um lado, que o cristão "não peca" – esta é a opção fundamental –, mas, por outro lado, deve pedir perdão – a contínua correção de percurso[35].

A ética cristã não pode ser vista, portanto, como uma observância servil de preceitos e proibições. A vida é uma sequência de encruzilhadas, nas quais se revela nossa opção fundamental. A situação em que é preciso tomar decisões nem sempre é tal que, do ponto de vista subjetivo, seja possível uma aplicação ideal dos preceitos e proibições necessariamente abstratos e gerais. A teologia moral, hoje em dia, leva isso em consideração. Assim, na decisão concreta, levando em conta a situação, a consciência devidamente formada funciona como guia ou navegador[36].

3.9 Com o fim diante dos olhos

> Agora, portanto, já não há condenação para os que estão no Cristo Jesus (Rm 8,1).

> Nisto se realiza plenamente o seu amor para conosco: em que tenhamos firme confiança no dia do

julgamento; pois assim como é Jesus, somos também nós neste mundo. No amor não há temor (1Jo 4,17-18).

O que dá o tom à vida é o fim para o qual ela se dirige. O alpinista olha para o topo e cuida de cada passo.

DEUS NOSSO FIM

"Ó Tu, que consolas o meu coração / no tempo da dor! / Ó Tu, que és o tesouro de meu espírito / na amargura da ausência! / Aquilo que a imaginação não concebe, / o que o entendimento não viu / a partir de ti visita minha alma; / por isso me volto a ti em adoração. / Por tua graça mantenho meu olhar amoroso / fixo na eternidade" (Oração islamita, em F. Teixeira – V. Berkenbrock, *Sede de Deus*. Petrópolis: Vozes, 2002, p. 245).

Embora só possa ser expressa em imagens, é extremamente importante saber que fim temos diante dos olhos. Desde o Antigo Testamento, a *imagem* mais eficaz para expressar o fim de nossa existência é a do *juízo*: Deus há de pedir contas de nossa existência; que fizemos dela?[37]

Tradicionalmente fala-se do Juízo Universal, no fim dos tempos: a vida no céu será a sorte dos que, tudo somado, viveram de acordo com Deus, e a morte eterna, dos que conscientemente lhe viraram as costas. A doutrina católica afirma também um momento de purificação para os que morrem, chamado de purgatório[38]. Ora, esta não é a linguagem das ciências físicas, que veem o tempo como uma sucessão infinita. É linguagem simbólica, tentando dizer o indizível e visualizar o invisível. O que importa é saber que Deus é o Juiz de nossa vida e que, portanto, em cada momento devemos viver de acordo com sua vontade[39].

Ora, uma vez que Jesus tornou presente o Reino de Deus, os primeiros autores cristãos, sobretudo o evangelista João, consideraram o tempo final e o juízo como *já presentes*[40]: a decisão acontece no presente, na opção de fé a favor ou contra Deus, do qual Jesus é a presença visível – opção comprovada na prática do amor fraterno.

A vida que agora vivemos na fé em Jesus e no amor aos irmãos é, desde já, a vida que "está nas mãos de Deus" (Sb 3,1). Diz a Liturgia dos Finados que, na hora da morte, a vida é transformada, não tirada. Na morte, a vida vivida com Deus é tornada definitiva. Na medida em que é vivido com Deus, o "agora" de nossa vida tem uma dimensão definitiva. A opção mais profunda de nosso viver é confirmada por Deus para sempre. Por isso, o cristão não pode conceber sua morte como uma migração da alma rumo a outra encarnação: isso esvaziaria o sentido desta vida como lugar de encontro decisivo com Deus. A confirmação definitiva da vida de cada um que vive em união com Jesus no amor de Deus é a ressurreição, a integração total ("corpo e alma") no amor de Deus. A ressurreição de Jesus é a garantia disso[41].

Enfim, para o cristão, a vida não é angustiada espera de um desconhecido e azarado juízo final, mas existência confiante e amorosa na presença de Jesus e de seu Pai, na fraternidade eficaz de irmãos e irmãs. "No amor não há temor", diz São João[42].

O ser cristão é, desde a raiz, uma experiência mística: o viver na presença de Jesus, o Cristo, e no Espírito que por instância dele nos vem da parte do Pai. Essa mística é alimentada pela liturgia, na qual o Pai-nosso, a oração cotidiana do cristão, está incrustada como a pérola na ostra. A celebração da Mesa da Palavra e da Mesa Eucarística do Senhor estrutura esse envolvimento místico segundo o ritmo do ano litúrgico, cujo ápice é a Páscoa, a tal ponto que cada domingo pode ser chamado de "Páscoa semanal".

A mística cristã abre espaço para muitas formas de contemplação e de oração, de acordo com a diversidade das culturas e das experiências pessoais. Estas dão origem a uma pluralidade de espiritualidades e estilos de vida cristã, que constituem a riqueza da vida e da pastoral da Igreja, animada pelo espírito de Cristo.

A união do fiel com Cristo determina sua prática de vida, a ética cristã. Esta se origina do olhar da consciência, fixado em Cristo e iluminado pelo Espírito de Deus, em todas as situações decisivas, em todas as encruzilhadas da vida. O cristão recebe nisso a ajuda de normas práticas ("mandamentos") e de atitudes ou qualidades ("virtudes").

Mais profunda, todavia, é a opção fundamental pró ou contra a vida que se nos apresenta no projeto de Cristo. Essa opção, quando vivida com seriedade, determina em última instância o valor de nossa vida à luz do fim.

4
O DEUS DE JESUS E DO CRISTÃO

·

> **"Meu Pai e vosso Pai, meu Deus e vosso Deus"**
>
> *Nesta última parte queremos tratar, em primeiro lugar, do Deus de Jesus, o Deus do qual Jesus experimentou a presença e o amor em sua própria vida, o Deus Pai que nele se manifesta, o Deus Trindade, que é também o Deus da profissão de fé daqueles que optam por Jesus, o Cristo (§ 4.1-4).*
>
> *A partir daí, nossa reflexão se volta para a experiência fundamental da vida de quem opta por Jesus, na fé, na esperança e no amor, experiência maravilhosamente resumida no "tudo é graça" de Agostinho. E veremos também a necessidade de configurar essa experiência numa vivência confessional, baseada na devida iniciação e na opção e identidade assumidas, para que ela possa ser comunicada e transmitida a outros, especialmente às gerações por vir (§ 4.5-8).*

4.1 Jesus, rosto de Deus

> Filipe disse: "Senhor, mostra-nos o Pai, isso nos basta". Jesus respondeu: "[...] Quem me viu, viu o Pai" (Jo 14,8-9).

O cristão é aquele que encontra Deus em Jesus Cristo, no contexto de sua comunidade. Qual é, pois, esse Deus que mostra seu rosto em Jesus Cristo?

Muita gente tem uma imagem pré-fabricada de Deus, com base em raciocínios filosóficos ou, até, matemáticos. Imagina-se então Deus como o arquiteto do universo, o motor imóvel do cosmo... Tal maneira de pensar Deus entra facilmente em colisão com a percepção cristã da manifestação de Deus numa pessoa humana, histórica, situada no tempo e no espaço, Jesus de Nazaré. Esse impasse levou, já no início da Modernidade, o cientista Blaise Pascal a contrapor o "Deus dos filósofos" ao "Deus de Abraão, de Isaac e de Jacó, o Deus de Jesus Cristo"[1].

O pensamento filosófico procura conceber o conceito, mas a revelação o preenche, *ultrapassando-o*. A filosofia ajuda na busca[2], mas na hora de expor a revelação cristã, que desabrocha num momento *histórico*, cabe seguir o caminho inverso. Em vez de passar do conceito de Deus para a pessoa de Cristo, convém passar da contemplação de Jesus para o mistério de Deus. O Evangelho de João ensina que ninguém jamais viu Deus, mas Jesus é o retrato e o relato dele[3].

O termo "deus" pode significar de tudo, chegando a não dizer mais nada. Por isso, quando chamamos Jesus de Deus, ou Filho de Deus, não estamos atribuindo determinado conceito a Jesus, mas estamos dando um rosto a Deus[4]. O cristão dá conteúdo à palavra "deus" a partir de Jesus de Nazaré. A própria vida de Jesus, "vindo em carne" (1Jo 4,2), em existência humana, é o espelho de Deus que se revelou a Moisés como "cheio de graça e verdade" (Jo 1,14). Por isso, na hora de entregar sua vida por amor, Jesus declara: "Quem me viu, viu o Pai" (Jo 14,9). Jesus é a imagem "autenticada" de Deus. Se queremos saber como Deus intimamente é, basta olhar para Jesus na hora da entrega de sua vida por amor, pois Deus é amor (1Jo 4,8.16)[5].

Ora, se Deus se manifesta em Jesus, existe entre ambos uma união tão próxima que se pode dizer que ambos participam da mesma natureza divina, juntamente com o Espírito que os une[6]. Mas não podemos dizer, sem mais, que Jesus é igual a Deus. Sua natureza divina é igual, mas sua identidade e atuação pessoal lhe são próprias. *Jesus era, e sempre é, "o Filho"*[7].

Jesus disse que o Pai é maior do que Ele (Jo 14,28), e que era bom ele voltar para junto do Pai, para enviar o Espírito que continua e amplia sua obra nos fiéis (Jo 14,12-14). Por isso, importa desfazer o mal-entendido que consiste em igualar Jesus a Deus, como acontece muitas vezes no cristianismo popular.

Em Jesus, Deus se dá a conhecer sem ressalvas. Mas essa manifestação de Deus em Jesus se deu numa existência limitada no tempo, no espaço, na cultura, no âmbito da ação, em uma palavra: "na carne". Para se unir a essa experiência de Jesus, para vivermos hoje uma experiência análoga desse mesmo Deus, Pai de Jesus, é preciso recordar que Ele é "maior" que Jesus. Tudo o que Jesus viveu em sua "carne" histórica manifesta Deus, mas Deus abrange mais do que isso, e por isso o Pai continua se manifestando a nós ainda hoje, pelo Espírito, que traz à memória o rosto do Pai revelado na vida de Jesus[8].

Reconhecemos esta "revelação continuada" quando, graças à Escritura e à Tradição transmitida na comunidade cristã, contemplamos a vida que Jesus viveu. Para que conheçamos Jesus "na carne", foram conservados os evangelhos e os demais testemunhos sobre Ele. Deus é aquele que Jesus contemplava e escutava durante sua vida na carne, e ao qual nós nos dedicamos, numa situação nova, reinventando Jesus em nossa carne. Não apenas vemos *em Jesus* o Pai, devemos também *com Jesus* dirigir nosso olhar para o Pai, que Ele tinha diante dos olhos, e receber de Deus o Espírito que o impelia.

4.2 "Meu Pai e vosso Pai"

> Vai dizer aos meus irmãos:
> "Subo para junto de meu Pai e vosso Pai,
> meu Deus e vosso Deus" (Jo 20,18).

A última página do Evangelho de João descreve a admirável cena do reencontro de Jesus com Maria Madalena. Depois do reconhecimento, Maria quer abraçar os pés de Jesus, o que Jesus rechaça como se ela quisesse segurar sua aparição, que na realidade é apenas uma manifestação de sua subida à glória do Pai. Em compensação, Jesus a encarrega de anunciar aos "irmãos" sua ressurreição e entrada na glória com estes termos: "Subo para junto de meu Pai e vosso Pai, meu Deus e vosso Deus" (Jo 20,18).

Com a glorificação de Jesus em sua morte por amor e em sua ressurreição, os que aderem a Ele são envolvidos na mesma relação de comunhão que une Jesus ao Pai. A união com Jesus, pela fé, permite ao cristão chamar Deus de Pai em união com Jesus que assim ensinou a rezar. Pai não só no sentido de criador e doador da vida, mas no sentido daquele cuja palavra o fiel acolhe, assumindo seu mandamento assim como Jesus o assumiu, de modo que "nós [Jesus e o Pai] viremos a ele e faremos nele a nossa morada" (Jo 14,23).

A glorificação não coloca Jesus fora de nosso âmbito humano, mas puxa nossa existência para dentro da glória que Ele reparte com o Pai por ter manifestado a plenitude de seu amor. Assim, o cristão está envolvido no mistério de Deus, comunhão de amor.

4.3 Deus-Trindade, comunhão de amor

> A graça do Senhor Jesus Cristo, o amor de Deus e a comunhão do Espírito Santo estejam com todos vós (2Cor 13,13).

A incorporação na comunidade cristã se dá pelo batismo "em nome do Pai e do Filho e do Espírito Santo". Nossa vida de fé se desenvolve no âmbito do Deus-Trindade. Não se trata de três deuses, nem meramente de três maneiras de Deus se manifestar, mas de três realidades pessoais. O termo "pessoa", que a doutrina eclesial, depois de muita controvérsia, adotou, vem do mundo do teatro: sugere três caracteres, três papéis, três atores divinos que, cada qual com sua personalidade e livre--vontade, em união de amor, realizam o "drama divino". Juntos constituem a realidade daquilo que expressamos com o termo "Deus", código da referência absoluta de nossa vida.

"Pai": Deus é o Criador, aquele que por sua vontade e poder faz com que tudo exista, e isso, com o amor de um Pai que comunica sua vida a seus filhos. Por isso, é chamado de Pai – e Pai com traços maternos. É de modo especial pela experiência de Jesus que aprendemos a conhecer Deus como Pai[9].

"Filho": Jesus se relacionava com Deus como um filho leal em relação a seu Pai, homem de confiança em quem Deus pôs seu pleno agrado, seu beneplácito, seu projeto de amor e salvação. A unidade de Jesus com Deus é tão grande que tudo o que Jesus faz, Deus é quem o faz. Ele e o Pai são um, mas Jesus diz também que o Pai é maior do que Ele (Jo 14,28). Jesus e o Pai são um, não no sentido da identidade, mas no sentido da obra que Jesus realiza[10].

"Espírito Santo": Jesus foi impelido pelo Espírito, o sopro e força vital de Deus, e assim somos também nós, quando levamos adiante a obra de Jesus. Este Espírito nos traz Jesus à memória e nos faz entender, em cada momento, o que significa a obra de Jesus e a vontade de Deus hoje. Assim, Ele nos guia em toda a verdade[11].

A transcendência de Deus acima de qualquer outra realidade, expressa sobretudo na Criação e na Paternidade; o amor fiel vivido radicalmente até o fim por Jesus de Nazaré, Filho que assume o beneplácito do Pai, numa existência histórica limitada no tempo e no espaço; o Espírito de Deus que "enche o universo" (Sb 1,7) e faz com que os fiéis de Jesus expandam a obra deste, atualizando sua memória no espaço que Ele lhes abriu – tudo isso é a realidade de nosso Deus, o Deus que age em comunhão de amor para dentro e para fora[12].

4.4 O "Símbolo Apostólico", resumo da fé

> É crendo no coração que se alcança a justiça,
> e é confessando com a boca que se consegue a
> salvação (Rm 10,10).

Desde as primeiras gerações cristãs, as grandes linhas da fé cristã acima expostas eram transmitidas aos candidatos ao batismo (os "eleitos") num *texto de referência*, chamado "Símbolo Apostólico", contendo os principais pontos de ensino para a catequese ou formação da fé cristã – a fé no Pai, no Filho e no Espírito Santo, em nome dos quais se é batizado. Este "Símbolo" era entregue aos "eleitos" nas últimas semanas de sua instrução, geralmente na Quaresma que precedia a Vigília Pascal em que seriam batizados. Essa entrega se chama a *traditio*. Devia ser "devolvida" à comunidade (*redditio*) por meio da confissão de fé (*confessio*) que eles pronunciavam na hora do batismo. Depois da confissão de fé e do banho batismal, seguidos pela unção da crisma, eles eram chamados *perfecti*, per-feitos, credenciados para a vida cristã, cristãos preparados para o combate (cf. Ef 6,13-17).

As frases deste Símbolo, conhecido como "Credo" ou como os "Doze artigos da fé", apontam para o mistério de Deus em Jesus Cristo. Cada um deve procurar o sentido que elas têm para si, bem como as palavras mais adequadas para traduzir esse sentido. O próprio termo "crer", cuja raiz bíblica aponta antes de tudo para a *firmeza*, pode ser traduzido por outros termos, mais específicos, dependendo do objeto. Crer em Deus, em Jesus Cristo e no Espírito Santo é pôr sua confiança última em Deus e nas Divinas Pessoas. Já crer na Igreja, conforme a linguagem original, significa quer o assentir ao que diz a Igreja, quer a fé vivida no seio da Igreja. E crer na vida eterna é uma expressão de firme esperança[13]. Levando em consideração essas nuanças, arriscamos aqui, à guisa de exemplo, uma tentativa de interpretação em termos que podem ser significativos para hoje. Mas cada pessoa e cada grupo deve fazer sua própria tradução, conforme seu modo de compreender, procurando ser fiel à intenção original de nossos pais na fé.

Símbolo Apostólico	Paráfrase
• Creio em Deus Pai, todo--poderoso, Criador do céu e da terra;	Com firmeza, oriento minha vida pela referência última, que eu chamo Deus e que eu considero ser o gerador livre, ativo e consciente de tudo o que existe, num projeto de bondade que é figurado por seu amor de pai e mãe, enquanto fonte de vida e felicidade.
• e em Jesus Cristo, seu único Filho, nosso Senhor;	Em meio aos que buscam um caminho de vida, eu opto por aderir a Jesus de Nazaré, ao seu caminho, à sua prática, que eu considero a expressão legítima do projeto de Deus, que Ele chama de Pai; e por isso chamo-lhe Filho de Deus e mesmo Deus.
• que foi concebido pelo poder do Espírito Santo, nasceu da Virgem Maria,	Sua origem está em Deus, Ele não é mero fruto da humanidade, mas dom de Deus à humanidade, pelo poder vivificador de Deus que chamamos seu Espírito; e isso é significado pela maternidade virginal de sua mãe, Maria.
• padeceu sob Pôncio Pilatos, foi crucificado, morto e sepultado;	Ele assumiu sua missão e, por amor, foi fiel até o fim, enfrentando livremente o sofrimento e a morte de cruz, sob Pôncio Pilatos.

Símbolo Apostólico	Paráfrase
• [desceu à mansão dos mortos,][14] ressuscitou ao terceiro dia, subiu aos céus, está sentado à direita de Deus Pai todo-poderoso,	Logo depois de sepultado, vencendo a morte, que significa o poder oposto a Deus, apareceu vivo aos seus discípulos, na ressurreição, sinal de que Deus reconheceu sua obra e o elevou na sua glória.
• de onde há de vir a julgar os vivos e os mortos;	Desde a glória divina, Ele é o juiz de nossa vida. Diante dele, tendo por critério sua prática do amor gratuito aos mais pequeninos, com os quais Ele se identifica, todos nós, tanto vivos como mortos, precisamos prestar conta da prática de nossa vida.
• creio no Espírito Santo,	Abro-me ao sopro animador e vivificador de Deus, o Espírito de santidade,
• na Santa Igreja Católica,	no seio da comunidade constituída por Jesus, que para mim é a Igreja que une todos os cristãos.
• na comunhão dos santos,	Nela, integro-me à comunhão de todos aqueles que são por Deus santificados.
• na remissão dos pecados,	Confio no perdão dos pecados que, por intermédio da Igreja, da parte de Deus alcança quem sinceramente se arrepende e se converte.
• na ressurreição da carne[15],	Espero firmemente que minha vida humana pessoal não termina com a morte corporal, mas será transformada
• na vida eterna.	numa vida que está nas mãos de Deus, definitivamente.

4.5 O crer e a fé

> A quem iremos, Senhor? Tu tens palavras de vida
> eterna. Nós cremos firmemente e reconhecemos
> que Tu és o Santo de Deus (Jo 6,68-69).

No fim deste percurso, alguém pode perguntar: Que é, afinal, a fé católica?

O termo "fé" indica dois conceitos: a fé *pela qual* se crê (a fé/o crer como ato) e a fé *na qual* se acredita (a fé como conteúdo, doutrina)[16]. O sentido básico é o crer como ato. Voltando às origens bíblico-cristãs, vemos a fé como confiança e firmeza: o termo hebraico *aman* (de onde o nosso "Amém" = "está firme"), o termo grego *pistis* e seu equivalente latino *fides* (de onde "fé")[17]. Fé indica, portanto, antes de mais nada, a atitude de *adesão, compromisso, opção*. Significa um declarar-se a favor de alguém, com base numa opção consciente. Num segundo momento, as expressões verbais desta fé, as "verdades" que se aceitam em nome desse aderir, vão constituir o objeto de um consentimento intelectual, a fé como doutrina na qual se crê.

Ora, no catolicismo tradicional, em vez de aderirem pessoalmente a Jesus por opção, os fiéis, batizados logo que nascem, "são aderidos" a Cristo... A fé como opção fica esquecida. "Fé" tornou-se mero sinônimo de catecismo, dogmas, verdades em que se crê, mesmo quando incríveis[18].

Importa redescobrir que o sentido fundamental é a fé como *ato de adesão*: pôr sua confiança e firmeza em Deus e em Jesus, que no-lo deu a conhecer em sua prática de vida. Ter Deus, como Ele foi revelado em Jesus, por referência decisiva, eis a *fé do cristão*.

Ora, esta fé é vivida numa comunidade que transmite as palavras, os textos, as explicações, os símbolos que nos põem em contato com Jesus de Nazaré, assim como Ele foi "interpretado" na prática desta mesma comunidade. O aderir a Jesus implica o aderir – de modo personalizado – à expressão e à prática da comunidade: a fé e a moral cristãs. Para o "católico", essa comunidade é a Igreja Católica, destinada a todos, contrária ao sectarismo e aos grupos fechados (como eram antigamente os gnósticos etc.) e, como vimos no capítulo 2, solidária com as outras denominações cristãs. Consentir à tradição cristã viva na Igreja Católica é o que se chama a *fé católica*, a fé cristã articulada no seio da comunidade eclesial católica.

Não é verdadeiramente cristão adulto (nem católico) quem não faz uma opção pessoal por aderir à palavra e à prática de Jesus de Nazaré, que nos faz conhecer Deus.

4.6 Fé, esperança e, acima de tudo, amor

> Atualmente permanecem estas três: a fé,
> a esperança, o amor. Mas a maior delas é o amor
> (1Cor 13,13).

Na Primeira Carta aos Coríntios, Paulo cita como forças fundamentais da vida cristã, enquanto esperamos o pleno conhecimento de Deus: a fé, a esperança e o amor (cf. 1Cor 13,13). Na tradição teológica, são chamadas "virtudes teologais", por terem Deus como origem, objeto e fim[19]. Não são atitudes que nós suscitamos em nós, mas dons de Deus que nos é dado cultivar. Dons que Deus nos dá para que sempre vivamos unidos a Ele.

Sobre a *fé* já falamos acima.

A *esperança* está implantada na fé como um germe. Poderíamos dizer que a esperança é o lado confiante da fé. Se crer é dar crédito, implica uma expectativa, uma esperança, que se define não tanto pelo que se espera, mas antes pela confiabilidade daquele em quem se espera. Por isso a Carta aos Hebreus chama a fé "a certeza daquilo que ainda se espera, a demonstração das realidades que não se veem" (Hb 11,1)[20].

Para o homem de hoje a esperança é vital. Em muitas regiões o suicídio é a segunda causa da morte dos jovens. A muitos parece ingênuo dizer que a vida tem sentido. Precisamos de esperança. Mas não nos enganemos: a esperança cristã não é fruto de hormônios ou de antidepressivos! Ela é teologal, de origem divina e voltada para Deus. E ela é "cristã", pois nasce do dom da vida do Cristo e é tarefa para quem acredita nele.

A esperança cristã não se baseia no progresso tecnológico, mas na certeza de que Jesus, pelo dom de sua vida por amor, venceu a força do mal neste mundo (Jo 16,31; 14,30; 1Jo 5,4). Sem a esperança que tem sua raiz na obra de Jesus, não se imagina a vida cristã.

Se as "virtudes teologais" são capacidades que Deus nos concede para viver em direção a Ele, sua plena realização está no *amor*, nos frutos do amor-caridade que somos chamados a produzir. A glória de Deus, no âmbito humano, se repleta quando comunicamos aos nossos irmãos e irmãs o amor que Deus, em Jesus, nos demonstrou[21]. O amor é o coroamento da vida, pois permanece quando "a vida" é definitivamente "transformada" (Liturgia dos Defuntos). O fruto que tivermos produzido para Deus no amor a seus filhos é nosso futuro para sempre. Assim conheceremos Deus – o Deus de Jesus Cristo – para sempre. Esse é o espaço no qual a vida e a prática no espírito de Jesus nos faz entrar.

4.7 Tudo é graça

> Nisto consiste o amor: não fomos nós que amamos a Deus, mas foi Ele que nos amou e enviou o seu Filho como oferenda de expiação pelos nossos pecados (1Jo 4,10).

> Pronunciou, então, distintamente, embora com extrema lentidão, estas palavras [...]: "Que importa?

Tudo é graça". Penso que morreu imediatamente depois (Georges Bernanos, *Diário de um pároco de aldeia*)[22].

Se o amor é o que supera tudo, importa que o entendamos a partir da fonte que é Deus. Mais fundamental que amar a Deus e ao próximo é deixar-se amar por Deus; mais fundamental que conhecer a Deus é *ser conhecido* por Ele (1Cor 13,12; Gl 4,9). Experimentar a própria vida e missão como dom que se recebe é uma dimensão fundamental do ser cristão consciente. É esse o sentido profundo daquilo que a Bíblia quer dizer pelo tema da criação. A narrativa da criação não é uma explicação científica da origem do universo, mas a expressão de que a nossa vida e nosso mundo são um dom – dom percebido e recebido como favor, como graça. Por isso se diz: "Deus viu tudo quanto havia feito, e era muito bom" (Gn 1,31).

Esse dom gratuito, que é a existência e o próprio universo, a consciência cristã o reconhece no acontecimento de Jesus. É Ele o dom supremo de Deus, especialmente na hora em que se doa a si mesmo, a hora em que diz: "Quem me viu, viu o Pai" (Jo 14,9)[23].

A consciência da fé cristã não é voluntarista, ávida de autoafirmação. É agradecida, cheia de recordação e atenção. Pensa a partir da fonte da qual brotou: o amor de Deus que se manifesta em Jesus.

Essas palavras não soam bem modernas, mas talvez exprimam algo que faça sentido para o sujeito pós-moderno: o amor que se doa absolutamente, demonstrado pelo homem de Nazaré, é consequência da experiência absoluta de que tudo quanto existe é dom do Fundo de tudo o que é. Jesus se doa não só do fundo do coração, mas do Fundo do Ser.

Doando-se a si mesmo, o homem de Nazaré é dom do Pai para nós. Ele não está aí para si mesmo, e quando Ele se doa, não realiza um mero ato heroico, mas joga-se na torrente do amor gratuito de Deus. Amor que nunca poderemos retribuir. Querer pagar por ele seria um desaforo. Somos convidados a nos jogar, com Jesus, nessa torrente, a nos deixar arrastar por sua força e movimento. "Aderir a Jesus" torna-se assim uma realidade. A existência cristã, então, não será um fardo pesado, uma limitação ou repressão de nossas capacidades humanas, mas antes: fazer com que essas se dissolvam na vida sem limites que se manifestou na ressurreição de Jesus.

4.8 Cristão por opção

> "Quanto a nós, não podemos não falar sobre o que vimos e ouvimos" (At 4,20).

Lembrando, como vimos acima, a distinção que na primeira Igreja se fazia entre os candidatos "eleitos" e os batizados "per-feitos" pela profissão de fé, podemos dizer que não é cristão "per-feito" e plenamente preparado quem não faz pessoalmente a opção por aderir à palavra e à prática de Jesus de Nazaré, cuja caminhada humana (sua "carne") nos faz conhecer Deus (cf. Jo 1,14.18; 14,9).

É verdade que muitos batizados, sem terem chegado a tal opção explícita, vivenciam, de fato, muita coisa que é (também) cristã: valores éticos, engajamento social, amor à humanidade, piedade, sensibilidade religiosa, artística até... Mas falta-lhes professar consciente e expressamente Jesus, o Cristo, como ponto de referência de sua vida. Quem não opta pessoal e conscientemente por Jesus bem pode vivenciar alguns valores que fazem parte da vida cristã, mas não tem a força da profissão de fé que é necessária para fazer reviver esse potencial cristão nas gerações por vir. Conhecemos movimentos intelectuais e sociais de inspiração cristã que deram testemunho impressionante de solidariedade e justiça, mas negligenciaram as raízes da fé. Foram como belas flores cortadas e colocadas num vaso na mesa, emocionantes de se ver, mas como não se alimentavam do chão do qual nasceram, murcharam sem se procriar. O que se chama "de *inspiração* cristã" não é necessariamente "de *fé* cristã", e a *percepção* cristã das coisas ainda não é a *confissão* cristã. A percepção e os sentimentos cristãos estão no nível da floração, do fruto. Mas a confissão de fé é que mantém em vida a raiz.

Temos de voltar à raiz. Devemos reaprender o que é crer como cristão: não dizer "Amém" a doutrinas incompreensíveis, mas aderir, cheios de confiança, ao homem de Nazaré no qual Deus se dá a conhecer.

No contexto da "Cristandade" que vai definhando, questionamos um cristianismo que não é fundado sobre iniciação e opção pessoal, mas apenas sobre costumes sociológicos e culturais. A estrutura sociocultural não produz por si mesma um ser cristão verdadeiro, vital e capaz de se procriar. É mister voltar para o ponto de partida e fazer a opção clara e consciente por Cristo[24.]

Não terá valor algum, então, o "cristianismo sociológico"? Valor tem, mas é preciso "ponderar tudo e ficar com o que serve" (1Ts 5,21). Reconhecer o humano como humano, e deixar Deus ser Deus na liberdade de se manifestar. Deus se manifesta, no humano, numa maneira única: a de Jesus de Nazaré. Na prática de vida de Jesus, no seu "caminho", temos uma visão única daquele que chamamos Deus.

Ora, não julguemos quem ainda está no batismo meramente formal e ainda não chegou à opção consciente por Cristo e a profissão de fé cristã. O amor é gratuito, não coage. Ninguém será rejeitado porque não assimilou a narrativa de Jesus ou porque esta não o toca. Só Deus, que é "o Pai das Luzes" (Tg 1,17), sabe onde penetra seu clarão ou onde ele é recusado voluntariamente. Mas quem percebe que a luz fica escondida atrás de um véu de palavras não ou malcompreendidas não pode não falar (cf. At 4,20).

Segundo o Evangelho de João, ninguém jamais viu Deus. Ninguém pode por seu próprio esforço formar uma imagem dele, pois seria um falso deus. O cristão olha em primeiro lugar para Jesus, na sua vida humana, na carne, contemplando a entrega de sua vida por amor e fidelidade. E então dirá: "Assim é Deus". Esse Deus da doação total no amor está presente em nossa vida como o Deus Pai e Filho e Espírito Santo, em cujo nome somos batizados. Esse é o núcleo da profissão da fé cristã, pela qual iniciamos nossa vida como cristãos conscientes, cristãos por opção.

Esperamos ter dado uma imagem coerente, quanto ao fundamental, do que é ser cristão. Partimos daquilo que Jesus vivenciou no seu tempo, no seio de seu povo. Depois, vimos o que chegou até nós, aquilo que a comunidade, nascida do acontecimento de Jesus, assumiu como seu legado e vivenciou na prática, no tempo e nas circunstâncias históricas próprias, em meio a imperfeições, porém animada pelo Espírito de Jesus.

Enfim, na perspectiva da profissão da fé batismal, refletimos sobre aquele que chamamos "Deus", não como um ser superior preconcebido, mas como aquele que se dá a conhecer no caminho humano de Jesus e que nos convoca a vivenciar, sem esmorecer, a fé, a esperança e o amor, na liberdade dos filhos de Deus. Pois quem recebe tudo isso como graça, recebe também a missão de viver disso e de o transmitir, fielmente, em formas novas.

Notas da Reflexão Inicial

NOTAS

[1] MOUNIER, Emmanuel. *Carnets de route*. T. 1: Feu la chrétienté. [A Cristandade, de saudosa memória]. Paris: Seuil, 1950.

[2] Cf. Concílio Vaticano II, Constituição *Lumen Gentium*, cap. IV (sobre os leigos).

[3] BERGER, Peter, *Rumor de anjos*: a sociedade moderna e a redescoberta do sobrenatural. Petrópolis: Vozes, 1973.

[4] FRANCISCO, Papa. Exortação Apostólica *Evangelii Gaudium* (n. 20-23); Carta encíclica *Laudato si'* [...] sobre o cuidado da casa comum.

[5] LOISY, Alfred. *L'Évangile et l'Église*. Paris: Picard, 1902, p. 111-112.

[6] Não entro aqui na polêmica sobre Tradição e Escritura – o *sola scriptura* da Reforma protestante. O Concílio Vaticano II diz claramente que se trata de um único e mesmo manancial (Constituição *Dei Verbum*, n. 9). Não haveria Escrituras, nem judaicas nem cristãs, se não houvesse a transmissão do testemunho de fé da qual elas são a referência escrita, o instrumento de aferição da fidelidade de nossa fé!

[7] 2Pd 3,15 recomenda a leitura das cartas de Paulo.

[8] O Evangelho de João tem a visão surpreendente de que Jesus, ao dar sua vida por amor fiel, é a manifestação da glória (do verdadeiro ser) de Deus, que é Amor (cf. 1Jo 4,7-16).

[9] "Nunca fomos catequizados. Fizemos foi Carnaval", disse Oswald de Andrade no *Manifesto Antropófago*.

Notas do cap. 1

[1] Para os primeiros cristãos não era evidente em que sentido Jesus era o Messias. No texto central do Evangelho de Marcos, 8,27-33, Pedro é censurado por não entender em que sentido Jesus pode ser chamado o Ungido (cf. § 1.10). Isso é uma advertência para não atribuir de modo ingênuo a Jesus funções de poder régio ou sacerdotal. A unção à qual Jesus deve seu nome é a *unção profética* com o Espírito de Deus (cf. Lc 4,18).

[2] É mister imaginar bem o tempo e a paisagem da atividade de Jesus com a ajuda dos mapas do Império Romano e da Palestina que normalmente se encontram em nossas bíblias. A Palestina era um país pequeno, prensado entre o Mar Mediterrâneo e o Rio Jordão. Seus duzentos e poucos quilômetros, de norte a sul, podiam ser percorridos em poucos dias. *Imaginar* o tempo e espaço de Jesus não serve para *reconstituir* um fragmentário "Jesus histórico", mas para ter diante dos olhos o caminho humano, como os evangelhos o contam, daquele que é proclamado como Senhor glorificado: o "Jesus dos evangelhos".

[3] Enquanto Lucas situa Jesus no quadro da história geral de então (Lc 1,5; 2,1-7; 3,1-2), Mateus acentua seu nascimento da estirpe do Rei Davi, que para os judeus era o modelo do Messias por vir (cf. § 1.6).

[4] As histórias sobre uma viagem de Jesus à Índia etc. apareceram pela primeira vez na literatura romanceada do século XIX, avidamente acolhida pelo racionalismo daquele tempo, que queria uma descrição de Jesus de acordo com a probabilidade histórica, portanto, livre do sobrenatural. Essas histórias eram úteis para as sociedades esotéricas que floresciam naquele tempo. Hoje nós entendemos que os evangelhos não entram em questões de curiosidade, mas evocam a realidade divina que transparece no que é essencial na obra humana de Jesus, sobretudo em sua doação por amor até o fim.

[5] O termo "testamento", aqui, significa pacto atestado, aliança. Na base das expressões "Antigo" e "Novo Testamento" estão as cartas paulinas, que distinguem entre a antiga e a nova Aliança (2Cor 3,6.14; Gl 4,24; Hb 7,22; 8,8; 9,1.15.18; 12,24). Entenda-se, porém, que Deus é fiel à sua Aliança (Rm 11,29): não a aboliu, porém a levou a termo em Jesus de Nazaré e sua Igreja. "Nova" não significa uma segunda aliança, mas a confirmação definitiva (escatológica) da aliança que Deus sempre de novo oferece à humanidade; por isso não faz sentido falar em "Segundo Testamento (ou Aliança)".

[6] Temos, no Gênesis, duas narrativas da criação do ser humano. A *primeira*, Gn 1,26-31, faz parte do hino de abertura da Bíblia, que evoca a criação e culmina no sábado, repouso de Deus depois da criação do ser humano (Gn

Notas do cap. 1

1,1–2,4a). Segundo este hino, depois de cada dia de criação, Deus viu que o que fez era bom, e depois da criação do ser humano viu que era *muito* bom (Gn 1,31). A *segunda* narrativa, Gn 2,4b-25 (que é literariamente mais antiga) focaliza a criação do casal humano e o pecado da humanidade.

[7] Gn 3,1-24 é construído sobre o tema das duas árvores. A primeira árvore é destinada ao ser humano: é a árvore da vida (Gn 2,9), que reaparece no fim da Bíblia, na descrição da Jerusalém celeste (Ap 22,2). A outra árvore, a do "conhecimento do bem e do mal", é só para Deus, a quem pertence o juízo sobre o bem e o mal. Tal conhecimento deve ser outorgado por Deus, não pela serpente. • Essa narrativa não quer ensinar que o ser humano é fundamentalmente corrompido, mas, ao contrário, chamado a acolher e a usar o dom vivificante de Deus. Infelizmente a catequese interessou-se mais pela árvore do pecado que pela árvore da vida... É preciso extirpar da catequese a ideia de um pecado transmitido pelo ato de procriação. O "pecado das origens" é o pecado fundamental, o que está sempre aí, à espreita. E não é o do sexo, mas o do orgulho e da autossuficiência.

[8] Uma expressão clássica da consciência de pecado é o Sl 51[50], o "Miserere": "Ó Deus, tem piedade de mim, conforme a tua misericórdia; no teu grande amor cancela o meu pecado. Lava-me de toda a minha culpa e purifica-me de meu pecado. Reconheço a minha iniquidade, meu pecado está sempre diante de mim. Contra ti, só contra ti eu pequei, eu fiz o que é mal a teus olhos; por isso és justo quando falas, reto no teu julgamento" (Sl 51,3-6). A piedade judaica parece experimentar a vida como uma dialética de graça e ruptura, de culpa e reconciliação.

[9] Gn 6,5-8 chega a dizer que Deus se arrependeu de ter criado o ser humano... Depois, porém, se comprometeu definitivamente com essa sua criatura, na Aliança feita com Noé, Gn 9,12-17 (p.ex., 9,16: "Quando o arco-íris estiver nas nuvens, eu o olharei como recordação da aliança eterna entre Deus e todas as espécies de seres vivos que existem sobre a terra").

[10] Deus concretiza, por livre-escolha ou "eleição", seu projeto salvífico na aliança com Abraão (Gn 17,4-8), com o povo de Israel (Ex 19,5-6 e 24,9; cf. Dt 7,7-10), e finalmente em Jesus de Nazaré (Mc 1,11 e textos paralelos). A eleição não deve ser vista como um privilégio, mas como uma missão representativa, para o bem da humanidade inteira. Cf. adiante, nota 16.

[11] O nome Israel indica, na Bíblia, além da pessoa de Jacó, o conjunto das tribos dos doze filhos de Israel (os "doze patriarcas"), ou, depois da divisão provocada por Jeroboão (§ 1.4), somente as dez tribos do norte. • Ao ofe-

Notas do cap. 1

recerem a Deus os primeiros frutos da colheita, os israelitas recordavam a itinerância de seu ancestral e o dom da terra: "Meu pai [= Jacó-Israel] era um arameu errante, que desceu ao Egito com um punhado de gente e ali viveu como estrangeiro. Mas ele tornou-se um povo grande, forte e numeroso. Então os egípcios nos maltrataram e nos oprimiram, impondo-nos uma dura escravidão. Clamamos então ao Senhor Deus de nossos pais, e o Senhor ouviu nossa voz [...]; o Senhor nos tirou do Egito [...] e nos introduziu neste lugar, dando-nos esta terra, terra onde corre leite e mel. Agora, pois, trago os primeiros frutos da terra que Tu me deste, Senhor" (Dt 26,5-10, texto chamado "o credo do israelita").

[12] A história de José (Gn 37-50) é, às vezes, chamada "o romance de José, o Sábio". Ensinando muita sabedoria de vida, faz a ponte entre a história dos patriarcas (Gn 12–36) e a da escravidão no Egito (Ex 1–15, especialmente 1,8-11).

[13] O nome do Deus de Israel, representado pelo tetragrama IHWH, lembra, em hebraico, "eu sou" (no sentido de "eu estou aí, contigo"; cf. Ex 6,2-8). Por respeito, e para não usar o nome de Deus em vão (cf. Ex 20,7), esse nome não é pronunciado, mas substituído por "o Senhor" (hebr. *adonai*). A pronúncia certa teria sido algo como *iaho* ou *ieho*, como aparece nos nomes próprios daí derivados: *iehoshua* (= Josué, Jesus), *iirmeiáhu* (Jeremias) etc.

[14] Na vocação de Moisés (Ex 3,7-14), Javé se apresenta como libertador de seu povo: "O Senhor lhe disse: 'Eu vi a opressão de meu povo no Egito, ouvi o grito de aflição diante dos opressores e tomei conhecimento de seus sofrimentos. Desci para libertá-los das mãos dos egípcios e fazê-los sair desse país para uma terra boa e espaçosa, uma terra onde corre leite e mel [...]. O clamor dos israelitas chegou até mim. Eu vi a opressão que os egípcios fazem pesar sobre eles. E agora, vai! Eu te envio ao faraó para que faças sair o meu povo, os israelitas, do Egito'. [...] Moisés disse a Deus: 'Mas, se eu for aos israelitas e lhes disser: O Deus de vossos pais enviou-me a vós, e eles me perguntarem qual é o seu nome, que devo responder?' Deus disse a Moisés: 'Eu sou aquele que sou'. E acrescentou: 'Assim responderás aos israelitas: EU SOU envia-me a vós".

[15] Sobre essa "Páscoa da Libertação", cf. Ex 12,21-27, esp. 25-27: "Quando tiverdes entrado na terra que o Senhor vos dará, conforme prometeu, observareis este rito. Quando vossos filhos vos perguntarem: 'Que significa este rito?' respondereis: 'É o sacrifício da Páscoa do Senhor, que passou pelas casas dos israelitas no Egito, quando feriu os egípcios e salvou as nossas casas'". São essas as palavras que os judeus recordam até hoje quando celebram o rito pascal.

Notas do cap. 1

[16] Cf. a eleição (Ex 19,4-6) e a aliança de Deus com o povo de Israel (Ex 24,4-8). Os israelitas celebravam em reunião festiva a renovação da Aliança: Js 24,14-25. • Não se conceba a eleição como um privilégio ou sinal de superioridade: segundo a compreensão do Deuteronômio, Deus escolhe quem é de pouco valor, para assim manifestar melhor seu amor (Dt 7,7-8). Deste modo compreende-se que quem sofre é "eleito" para revelar o amor de Deus, como certos judeus da atualidade interpretam as terríveis perseguições que sofreram. Neste sentido, Jesus é o eleito por excelência (cf. acima, nota 10).

[17] Isso mostra que o culto prestado a Deus não é "o ópio do povo", como disse Marx, mas a força que liberta o povo de todo poder humano que pretende ser divino. "Só Deus é grande", repetia Antônio Conselheiro, o líder da comunidade de Canudos.

[18] Leia 1Sm 8,4-7. • Os "salmos da realeza de Deus" (Sl 47; 93; 97; 98; 99) proclamam que só o Senhor é rei. Assim, Sl 97[96],1-2: "O Senhor é rei, exulte a terra, alegrem-se as ilhas numerosas. Nuvens e trevas o envolvem, justiça e direito são a base do seu trono". • Uma áspera crítica à ambição da realeza humana pode-se ler em Jz 9,7-15: as árvores querem escolher um rei, mas, quando a oliveira, a figueira e a videira reclinam o convite, quem se candidata é o espinheiro...

[19] Cf. 1Sm 16,11-13. • O rei (o "ungido") não deve governar para si e para os poderosos, mas para os fracos e desprotegidos (os poderosos cuidam de si mesmos). Tal é a justiça do rei conforme Sl 72[71],1-2: "Deus, dá ao rei teu julgamento, ao filho do rei, a tua justiça, para que governe teu povo com justiça e com retidão os teus pobres". Os pobres pertencem a Deus e o governo está a serviço de ambos.

[20] Leia o conjunto 2Sm 7,11-16: Davi não construirá uma "casa" (= templo) para Deus, mas este construíra uma "casa" (= dinastia) para Davi e manterá a descendência dele no trono. Por outro lado, Natã repreende Davi quando abusa do poder e dispõe arbitrariamente da vida de seus súditos, no episódio do general Urias e sua mulher Betsabeia (2Sm 11–12).

[21] No Israel antigo, os profetas que falavam sob inspiração do Senhor eram uma instituição que devia suplantar todo tipo de adivinhos, videntes e médiuns (cf. Dt 18,15-18). O livro do Deuteronômio e a assim chamada "historiografia deuteronomista" (Js, Jz, 1–2Sm e 1–2Rs) foram escritos na perspectiva desses "guardiães da Aliança".

[22] As razões da divisão do reino são evocadas em 1Rs 12,12-16: "Jeroboão e todo o povo vieram ter com Roboão [...]. O rei não deu ouvidos ao povo.

Notas do cap. 1

Foi assim que o Senhor havia disposto para confirmar a palavra que falara por meio de Aías, de Silo, a Jeroboão, filho de Nabat. Quando todo o Israel viu que o rei não os queria ouvir, responderam-lhe: 'Qual é nossa parte com Davi, qual nossa herança com o filho de Jessé? Para tuas tendas, Israel! Agora vê a tua casa, Davi!' E Israel voltou às suas tendas".

[23] Deus "corrige" Israel e Judá com o exílio: "Isto aconteceu porque os israelitas pecaram contra o Senhor, seu Deus, que os fizera sair do Egito, libertando-os da opressão do faraó, rei do Egito. Eles se puseram a adorar outros deuses e seguiram os costumes dos povos que o Senhor havia expulsado diante deles [...]. O Senhor tinha advertido seriamente Israel e Judá por meio de todos os profetas e videntes [...]. Eles, porém, não prestaram ouvidos [...]. O Senhor rejeitou toda a descendência de Israel, os afligiu e os entregou nas mãos de saqueadores até que os atirou longe de sua presença" (2Rs 17,7-20).

[24] Esd 1,2-4: "Assim fala Ciro, rei da Pérsia: O Senhor, Deus do Céu, me deu todos os reinos da terra e me encarregou de construir-lhe um templo em Jerusalém, na terra de Judá. Quem dentre vós pertence ao conjunto de seu povo? Que seu Deus esteja com ele! Que suba a Jerusalém, na terra de Judá, para participar na construção do templo do Senhor, Deus de Israel – o Deus que está em Jerusalém" (cf. 2Cr 36,22-23).

[25] A Lei chama-se, em hebraico, *torah* (a Torá), termo que significa propriamente "instrução". A designação "Lei" vem da tradução grega da Bíblia, porque os gregos viam na lei o sumo da civilização.

[26] Cf., entre outros, Sl 89[88],20-52.

[27] Do historiador judeu Flávio Josefo: "Ptolomeu [= o Rei Ptolomeu II Filadelfo, do Egito, 285-247 a.C.] escreveu a esse Eleazar [= o sumo sacerdote em Jerusalém] a seguinte carta: '[...] Para vos mostrar mais particularmente o tamanho de nossa afeição pelos judeus do mundo inteiro, queremos que se traduzam vossas leis do hebraico para o grego e colocaremos essa tradução na nossa biblioteca'" (*Antiguidades judaicas*, livro XII, capítulo 2). Josefo louva muito essa tradução, mas no prólogo do tradutor do Eclesiástico lemos: "Os vocábulos hebraicos, quando vertidos para outra língua, já não têm a mesma força. [...] A própria Lei e os Profetas, bem como o conteúdo dos outros livros, apresentam grande diferença quando lidos no original" (Eclo, Prólogo, 20-25).

[28] Flávio Josefo, *Antiguidades judaicas*, livro XIV, capítulos 4-8.

Notas do cap. 1

[29] Cf. acima, nota 20 (a respeito de 2Sm 7,11-16). A origem abraâmico-davídica de Jesus se expressa na genealogia de Mt 1,1-16: como descendente de Abraão e de Davi, Jesus assume em si a expectativa messiânica do antigo povo judeu.

[30] Cf. Mt 1,18-25; Lc 1,26-38 e o quadro junto ao § 1.1 (evangelhos da infância). Intervenção divina há também no nascimento de Isaac, de Gedeão, de Sansão, de Samuel e de João Batista, mas só de Jesus é dito que foi concebido sem o sêmen viril, como deixa bem claro o texto de Mt 1,25. Se conforme este texto Jesus é gerado de Deus, João dirá a mesma coisa a respeito dos fiéis: Jo 1,12-13; 1Jo 5,1 (cf. 3,1). Mas o caso de Jesus é único; por isso João o chama de "Unigênito" e "Deus" (Jo 1,14.18). A "divindade" de Jesus, entendida como sua união com Deus (cf. Jo 10,30), não o separa dos fiéis, mas une-os a Ele. Esta origem em Deus é traduzida, nos grandes concílios dos séculos IV e V d.C., pelo termo "natureza divina". Cf. § 4.2.

[31] Cf. também Mt 3,1-6.11//Lc 3,3-6.15-16; cf. Jo 1,19-28.

[32] Biblicamente, o termo "filho" (de Deus) exprime sobretudo a obediência amorosa em relação ao Pai, como bem mostra a descrição de Jesus no Evangelho de João. A práxis de Jesus tem sua origem na experiência única da paternidade de Deus e de sua própria vocação como filho (Mt 11,25-27// Lc 10,21-22). • No Antigo Testamento, "filho de Deus" pode ser dito dos justos em geral (cf. Sb 2,16.18, livro escrito no tempo de Jesus), mas lembra especialmente a promessa do Messias que devia nascer da estirpe de Davi: ele será, para Deus, um filho (2Sm 7,14). Assim, o cap. 1 de Mt evoca as duas dimensões do Messias, primeiro a "natural" (Jesus filho de Abraão, filho de Davi, Mt 1,1-17) e, em seguida, a da promessa divina (filho de Deus, Mt 1,18-25).

[33] Jesus investido com o Espírito de Deus: Mc 1,9-11//Mt 3,13-17; cf. Lc 3,21-22; impelido pelo Espírito: Mc 1,12//Mt 4,1//Lc 4,1; cf. Lc 4,14. A expulsão de demônios significa que Jesus tem poder sobre as forças mais misteriosas no mundo. Esse poder de Jesus é chamado *exusia*, lit. "autorização", poder delegado, apontando para Deus.

[34] Cf. Mt 5,17-48//Lc 6,27-36. • Os versos que Mt e Lc, nestes trechos, têm em comum, são atribuídos, pelos exegetas, ao registro mais antigo dos ditos de Jesus, o assim chamado "Documento (ou Fonte) Q" (cf. quadro). • O tema da boa-nova para as pessoas simples e humildes aparece de modo marcante em Mt 11,25-28//Lc 10,21-22. Este texto testemunha a experiência única que Jesus tem de Deus como Pai (cf. acima, nota 32).

Notas do cap. 1

[35] Cf. Mt 5,48 ("perfeito")//Lc 6,36 ("misericordioso"). Jesus parece interpretar aqui a "Lei da Santidade" ("sede santos porque eu sou santo", Lv 19,1). Enquanto os fariseus interpretavam a Lei no sentido da observância escrupulosa para "merecer" a retribuição de Deus, Jesus acentua a gratuidade do amor do Pai.

[36] Este é o sentido da surpreendente parábola dos trabalhadores da última hora, Mt 20,1-16, que ensina que o Reino é de graça e destinado também aos que não pertencem desde o início ao povo eleito (cf. ainda Mt 19,30//Mc 10,31; e Lc 13,30).

[37] Compare as versões do Pai-nosso segundo Mt 6,9-13 e Lc 11,2-4, em tradução literal (cf. Konings, *Sinopse*, § 318). Onde Lc escreve "venha teu reino", Mt acrescenta "faça-se tua vontade", a ser entendido no sentido dinâmico, como algo que queremos porque é o desejo de quem nos ama. Além disso, nas últimas linhas Mt amplia a oração por um paralelismo explicativo: que Deus não nos entregue ao poder da grande tentação = que Ele nos liberte do maligno (o mal personificado).

Mt 6,9-13	Lc 11,2-4
Pai nosso nos céus,	Pai,
santificado seja o teu nome,	santificado seja o teu nome;
venha o teu Reino;	venha o teu Reino;
faça-se a tua vontade,	
como no céu, também na terra.	
O nosso pão por vir dá-nos hoje,	o nosso pão por vir dá-nos cada dia,
e perdoa-nos as nossas dívidas,	e perdoa-nos os nossos pecados,
como também nós perdoamos aos	pois nós também perdoamos a todo
nossos devedores;	o que nos deve;
e não nos introduzas em tentação,	e não nos introduzas em tentação.
mas livra-nos do maligno.	

[38] Cf. também a parábola da semente-palavra, em Mc 4,1-9.13-20//Mt 13, 1-9.18-23//Lc 8,4-8.11-15.

[39] Esses pescadores de peixe que se tornam "pescadores de gente" são uma espécie de "parábola ao vivo" para evocar a pesca final do Reino de Deus: Mc 1,16-17//Mt 4,18-19; cf. Lc 5,1-11. Cf. também a parábola da pesca escatológica em Mt 13,47-50.

Notas do cap. 1

[40] As mulheres que seguem Jesus: Lc 8,1-3; ao pé da cruz: Mc 16,40-41 e textos paralelos; a mulher pagã que move Jesus a "rever sua estratégia": Mc 7,24-29//Mt 15,21-28.

[41] Segundo os evangelhos sinópticos, Jesus realiza, pouco antes de sua morte, o gesto profético da expulsão dos vendilhões do Templo, que pode ter provocado sua condenação (Mc 11,15-18//Mt 21,12-13//Lc 19,45-48). João coloca esse gesto no início do evangelho, para mostrar que, pela sua atuação inteira, Jesus suplanta o culto do Templo (Jo 2,12-21).

[42] Temos o testemunho de diversas tradições quanto às palavras da Ceia; aqui resumimos parcialmente o texto de 1Cor 11,23-24, do qual se aproxima Lc 22,15-23. Uma outra tradição, levemente diferente, se encontra em Mc 14,22-25//Mt 26,26-29, que retoma de Is 53,12 a expressão "por muitos" (com o sentido de "por todos"). Também Jo 6,51 alude à ceia eucarística: "minha carne [dada] para a vida do mundo". A "carne" é a existência humana que Jesus empenha em sua missão. A taça da refeição, com o vinho rubro, significa a (nova) Aliança selada por seu sangue (1Cor 11,25; Lc 22,20; Mc 14,28//Mt 26,28), assim como na aliança de Moisés o altar e o povo foram aspergidos com sangue de animais (Ex 24,6-8; cf. Hb 9,15-21). A Carta aos Hebreus relaciona o sangue também com os sacrifícios expiatórios e o Dia da Expiação (Hb 9,22-28; 10,1-10), deixando claro, porém, que se trata de uma "figura" (o Antigo Testamento prefigura o Novo). • Jo 6,52-58 fala, de modo quase provocante, em "comer a carne" e "beber o sangue" de Jesus, o que os "judeus" entendem de maneira física, portanto errônea (6,52). Jo 6,51-58 é a continuação de 6,30-50, onde Jesus se apresenta a si mesmo como a comida e bebida da Palavra e do ensinamento oferecido por Deus a seu povo (6,45-50). Esse alimento é carne e sangue em Jesus, que dá sua vida para a vida do mundo (6,51), e neste sentido é que, no rito eucarístico, comemos e bebemos de verdade esse dom (6,53-58). Tudo isso nada tem a ver com beber sangue no sentido materialista ironicamente mencionada em Jo 6,52. Cf. também § 2.6.

[43] Cf. Fl 2,6-11: "Ele, existindo em forma divina [...], despojou-se, assumindo a forma de escravo. [...] E encontrado em aspecto humano, humilhou-se, fazendo-se obediente até a morte, e morte de cruz! Por isso, Deus o exaltou acima de tudo e lhe deu o Nome que está acima de todo nome, [...] 'Jesus Cristo é o Senhor'". Este texto se inspira em Is 52,13–53,12, que fala do Servo Sofredor, rebaixado pelos homens mas exaltado por Deus.

[44] Assim a canção religiosa: "Deus enviou seu Filho amado para morrer em meu lugar", interpretação popular do tratado "Por que Deus se fez homem"

Notas do cap. 1

de Santo Anselmo. Segundo tal interpretação, Deus teria exigido, pela injúria de Adão, uma satisfação de alguém que pertencesse à humanidade e ao mesmo tempo tivesse dignidade divina: seu próprio Filho, Jesus, teve que pagar por nós com o seu próprio sangue. Mas o próprio Anselmo escreve que se deve distinguir entre o que Jesus fez *por obrigação* de obediência e o que Ele sofreu *em consequência* da obediência *livremente* assumida (*Cur Deus homo*, 9). A mencionada interpretação popular leva não poucos a acharem que, por ter Jesus morrido no seu lugar, eles estão seguros, sem uma conversão traduzida em atos de amor fraterno. Além disso, atribuem ao sofrimento e ao sangue de Jesus um valor quase mágico.

[45] Os israelitas celebravam cada ano o Dia da Expiação (reconciliação com Deus), mediante um sacrifício sangrento (Lv 16). Mas, de acordo com Hb 9,24-26, Jesus realiza a reconciliação *sem tais sacrifícios*, de uma vez para sempre, pelo dom de sua própria vida. Seu sangue é o sinal disso. Na mesma linha, provavelmente, Jo 1,29; 19,33.37; Ap 1,7.

[46] É isso que sugere Jo 19,37: "Olharão para aquele que traspassaram"; cf. Zc 12,10 (e Ap 1,7).

[47] Na catequese tradicional, a atividade pública de Jesus e sua pregação do Reino e da renovação do povo de Deus não pareciam importantes. Prova disso era o rosário, que só mencionava os mistérios "gozosos" (o *nascimento* de Jesus), os "dolorosos" (sua *morte*) e os "gloriosos" (a *ressurreição e glória* de Jesus e de Maria). Por isso, o Papa João Paulo II acrescentou ao rosário (cf. § 5.2) "os mistérios luminosos", que meditam *a vida e atividade de Jesus*.

[48] Fl 2,9-11 (cf. nota 43, acima). É nesse sentido que se entende a proclamação de Jesus como "o Justo" (At 3,14): em contraste com o mundo que o rejeitou, Deus mostra, pela ressurreição, que Jesus tem o direito e a justiça no seu lado. As mais antigas proclamações da ressurreição de Cristo são 1Cor 15,3-5; Mc 16,5-6 (= Mt 28,5-7; Lc 24,5).

[49] No centro do Evangelho de Marcos (8,27-33), Simão Pedro confessa Jesus como Messias, mas Jesus o censura porque ele se opõe à ideia do sofrimento do "Filho do Homem" (o homem enviado por Deus para instaurar o Reino, conforme Dn 7,13-14). O Messias não deve ser visto como o triunfal descendente de Davi, mas como o Servo Sofredor na linha de Is 52,13–53,12, como sugere Mc 10,45: "O Filho do Homem não veio para ser servido, mas para servir e dar a vida em resgate por muitos".

Notas do cap. 1

[50] Em Ex 34,6; Deus se proclama como Deus de amor e de fidelidade; cf. também Sl 86[85],15-16. É absurdo opor o Deus do Antigo Testamento, rancoroso, ao do Novo Testamento, misericordioso. É o mesmo Deus: o Pai que se dá a conhecer em seu Filho Jesus (cf. § 4.2 e nota 9 ali).

[51] A Nova Aliança: Jr 31,31-33; Ez 36,26-28. A "renovação da Aliança" é uma ideia muito presente no Antigo Testamento; em Jesus, ela se cumpre definitivamente. (Quanto a "antigo" e "novo", cf. nota 5).

[52] Lendo Gn 2–3 num sentido dinâmico, pode-se dizer que o pecado das origens, que sempre espreita o ser humano (cf. nota 7), é a recusa de crescer em direção ao Homem Novo. Dando ouvido à serpente, o homem deixa de realizar a vocação que Deus lhe preparou.

[53] Cf. Rm 5,14.19; Cl 3,10. Diz Santo Ireneu de Lião (séc. II d.C.): "Lucas apresenta uma genealogia de Jesus [...], que remonta do nascimento do Senhor até Adão, unindo o fim ao princípio, para fazer entender que o Senhor é aquele que recapitulou em si mesmo todas as gerações humanas, inclusive Adão. Por isso, Paulo chama Adão a figura daquele que devia vir. Pois o Verbo, artesão do universo, havia *esboçado* de antemão, em Adão, a figura 'econômica' [= relativa ao desígnio salvífico] da humanidade, de que se revestiria o Filho de Deus, visto que Deus estabeleceu o homem psíquico [= Adão] para que, com toda evidência, fosse salvo pelo homem espiritual [= Jesus]. Com efeito, como já existia aquele que seria o Salvador, era preciso que viesse à existência aquele que seria salvo, para que esse Salvador não ficasse sem razão de ser" (*Contra as heresias*, III,22,3; grifo nosso).

[54] A imagem do novo Povo de Deus é elaborada, entre outros, em 1Pd 2,4-10 e no Apocalipse. Cf. § 2.8. Cf. a ideia do verdadeiro Israel em Gl 6,16, subjacente também ao Evangelho de Mateus.

Notas do cap. 2

[1] At 2,42-47: "Eles eram perseverantes em ouvir o ensinamento dos apóstolos, na comunhão fraterna, na fração do pão e nas orações. [...] Todos os que abraçavam a fé viviam unidos e possuíam tudo em comum; vendiam suas propriedades e seus bens e repartiam o dinheiro entre todos, conforme a necessidade de cada um. Perseverantes e bem unidos, frequentavam diariamente o Templo, partiam o pão pelas casas e tomavam a refeição com alegria e simplicidade de coração. [...] E cada dia o Senhor acrescentava a seu número mais outros que eram salvos". Este quadro é completado em At 4,32-37 e 5,12-16.

[2] A reviravolta na vida de Paulo: At 8,1; 9,1-22 (cf. 22,5-16; 26,12-18); Fl 3,8-9.

[3] At 15,7-9 expressa, pela boca de Pedro, que a nova Aliança de Deus (cf. Jr 31,31) é para todos os povos: "Irmãos, vós sabeis que, desde os primeiros dias, Deus me escolheu dentre vós, para que os pagãos ouvissem de minha boca a palavra da Boa-nova e abraçassem a fé. Ora, Deus, que conhece os corações, lhes prestou uma comprovação, dando-lhes o Espírito Santo como o deu a nós. E não fez discriminação entre nós e eles, mas purificou o coração deles mediante a fé".

[4] As primeiras descrições das funções de governo na Igreja aparecem no Novo Testamento (presbíteros: 1Tm 5,17-22; 1Pd 5,1-4, e.o.; bispos: 1Tm 3,1-2; Tt 1,7; bispos e diáconos: Fl 1,1; 1Tm 3,8.12; a diaconisa Febe: Rm 1,16). Pouco depois, São Clemente Romano trata distintamente, por um lado, os bispos com seus diáconos (*Carta aos Coríntios*, 42), por outro lado, os presbíteros (ibid., 54). No início do século II, Santo Inácio de Antioquia fala dos presbíteros unidos em torno do bispo (*Carta aos Filadélfios*, 4). Para os dias de hoje, cf. Concílio Vaticano II, Constituição *Lumen Gentium*, n. 20, 28 e 29.

[5] O Concílio Vaticano II afirma os direitos dos patriarcados e declara, a respeito dos patriarcas: "Que cada um deles, como pai e cabeça, presida o seu patriarcado" (Decreto *Orientalium Ecclesiarum*, n. 9). • Na Idade Média/ Moderna, o título de patriarca foi concedido, de modo meramente honorífico e sem os direitos próprios dos patriarcados antigos, aos arcebispos de Lisboa e de Veneza, entre outros.

[6] Cf. 1Pd 2,11-12; 4,1-16. A "Igreja dos mártires" é retratada no Apocalipse, que evoca a perseguição aos "seguidores do Cordeiro" no contexto do aliciamento político, econômico e militar do Império Romano (cf. K. Wengst, *Pax romana*, São Paulo: Paulinas,1991).

[7] Depois da vitória sobre Maxêncio, graças ao uso dos símbolos cristãos nas insígnias militares, Constantino concede aos cristãos igualdade de direitos e

Notas do cap. 2

liberdade religiosa (edito de Milão, 313 d.C.). Patrocina também a construção de igrejas, como a do Santo Sepulcro, em Jerusalém, a da Natividade, em Belém, e a basílica do Latrão, em Roma etc. Em 321, manda introduzir o domingo cristão. Em 325 convoca o Concílio Ecumênico de Niceia. Ele é batizado sobre o leito de morte, em 337. Depois dele, o Imperador Juliano ("o Apóstata") reabre os templos pagãos e tira os privilégios dos cristãos, mas seus sucessores Graciano e sobretudo Teodósio apoiam o cristianismo e combatem a heresia do arianismo. Em 391, Teodósio proíbe o culto pagão na vida pública, promovendo praticamente o cristianismo a religião do Estado. Assim nasceu a "Cristandade" (constantiniana), para durar até a Revolução Francesa, em 1789.

[8] O Império Romano progressivamente se desfez diante dos invasores germânicos, godos, hunos... Em 402 a capital do Império é transferida para Ravena (norte da Itália), deixando Roma praticamente sob a tutela do papa. Em 410, os visigodos (invasores indo-germânicos) de Alarico conquistam e saqueiam Roma; em 429 os vândalos se instalam na Península Ibérica; em 452 os hunos, com Átila, invadem a Itália, mas o Papa Leão Magno consegue evitar que saqueiem Roma. Em 476 o godo Odoacro torna-se imperador de Roma. Em 496, o rei franco, Clóvis, recebe o batismo católico, o que enfraquece o arianismo, muito espalhado entre os godos, e prepara a concordata entre a Igreja e o reino franco que será celebrada no tempo do Rei Carlos Magno (768-814), coroado "Imperador Romano" pelo Papa Leão III, em 800 d.C.

[9] Assim, os orientais unidos a Roma podem ter sacerdotes casados (não é uma questão de fé, mas de regulamento).

[10] No Ocidente (Roma) cresce a mentalidade de considerar que o papa, como representante de Cristo, deve consagrar o imperador. No Oriente, ao contrário, o Imperador (cristão ortodoxo) de Bizâncio (Istambul) é considerado chefe (temporal) da Igreja; é ele quem nomeia os bispos etc.

[11] Importância especial atribui-se a São Bento, fundador dos monges beneditinos (conhecidos pelo estudo e pela organização da agricultura); ele foi proclamado padroeiro da Europa. Outros promotores dos valores humanos e cristãos na Cristandade são os papas Leão Magno e Gregório Magno (calendário e canto gregoriano), o filósofo Boécio, São Bernardo, Santo Tomás de Aquino, São Boaventura... Entre os místicos destacam-se São Francisco de Assis – o "poeta da pobreza" – , São João da Cruz e mulheres como Santa Gertrudes, Santa Brígida, Santa Hildegarde de Bingen, Santa Clara de Assis, Santa Teresa de Ávila. Entre os/as que se dedicaram à assistência dos doentes: Santa Isabel da Hungria, São João de Deus. Entre os que se engajavam para remir escravos: os mercedários de São Pedro Nolasco.

Notas do cap. 2

[12] Ultimamente, por não mais se perceber a importância do "protesto" de Lutero, o termo "protestante" está sendo substituído por "evangélico", mas este qualificativo não é muito específico, pois deve valer para todas as Igrejas cristãs (assim como todos os "fiéis" também são "crentes"). Melhor é falar de "Igrejas da Reforma".

[13] Citemos, por exemplo, a Igreja Universal do Reino de Deus, do bispo Edir Macedo. Trazendo elementos de diversas origens (umbanda etc.), se caracteriza pela "teologia da prosperidade" e a acentuação do diabo: Deus quer nossa prosperidade, a miséria vem do diabo. A "confissão positiva" (determinação positiva, certeza de conseguir resultados positivos) deve, por "apostas", provocar Deus a mudar a carência em prosperidade. Temos um direito celestial à prosperidade e devemos reclamá-lo de Deus. Selamos um pacto com Deus, entregando nas mãos de seus ministros (vultosos!) dízimos e ofertas...

[14] Foi por esse tempo que surgiram, tanto no meio protestante como no católico, os "catecismos" (de Lutero, de Calvino, de Pedro Canísio, de Belarmino, o antigo Catecismo Romano etc.), que marcaram profundamente a fé dogmática e moralista da Modernidade (crer em verdades e observar prescrições). • Recentemente, por ordem do Papa João Paulo II, o Catecismo Católico foi totalmente reformulado no "Catecismo da Igreja Católica" (desde 1993). Por recomendação do Concílio Vaticano II, a Bíblia Vulgata foi atualizada, de acordo com os modernos estudos bíblicos e as "testemunhas textuais" (os manuscritos antigos) descobertas no último século. Nasceu assim a "Nova Vulgata" (1979). O Concílio incentivou também as Conferências Episcopais nacionais a elaborarem traduções próprias da Bíblia para cada região, de acordo com os textos originais e, se possível, em colaboração ecumênica. No Brasil nasceu assim a Tradução da Bíblia da CNBB.

[15] O Concílio Vaticano I definiu que o conteúdo da fé a ser guardada não é uma conclusão filosófica, mas algo que Deus confiou à Igreja para ser por ela guardado e declarado infalivelmente (Constituição *Dei Filius*, DzH 3020). Na ânsia de proteger essa fé, o Papa Pio IX mandou publicar o *Syllabus*, catálogo de erros condicionado pelos conflitos daquele tempo e hoje amplamente superado (DzH 2907-2980). • Quanto à infalibilidade do papa, observe-se que ela não vale para cada palavra que ele pronuncia, mas somente quando em sua declaração se expressa a certeza fundamental da fé da Igreja, o que exige discernimento cuidadoso. • Mencionamos ainda que o Papa João Paulo II pediu aos bispos que repensassem a tarefa do papa, para que não mais apareça como um comando geral das tropas católicas, mas se apresente como um serviço à unidade dos cristãos.

Notas do cap. 2

[16] O termo "ecumenismo" provém dos primeiros concílios universais da Igreja cristã (*oikumene* = "mundo habitado") e inclui, no sentido estrito, somente as Igrejas cristãs. O diálogo com as outras religiões (judaica, muçulmana, asiáticas, africanas, ameríndias etc.) chama-se "diálogo inter-religioso" (ou também "macroecumenismo"). Em nível mundial, o ecumenismo cristão se articula no Conselho Mundial de Igrejas, com sede em Genebra; no Brasil, no Conselho Nacional de Igrejas Cristãs (Conic), em Brasília.

[17] A sociedade parece estar se libertando do antigo rancor contra a dominação clerical e compreendendo que *a experiência religiosa, como parte integrante da experiência humana, tem seu lugar na educação do cidadão*. Neste sentido aplaudem-se o reconhecimento governamental das faculdades de Teologia e o estudo da religião na escola pública. O ensino religioso na escola pública deve sensibilizar os alunos pelos valores humanos e éticos universais. A instrução propriamente confessional (catequese) cabe às paróquias ou comunidades cristãs.

[18] A expressão "fim da Cristandade" refere-se à Cristandade "constantiniana" como regime político-religioso-cultural, mas não ao cristianismo como fé vivida na Igreja, nem ao ser cristão como prática de vida. Por isso, a morte da Cristandade não significa o fim do cristianismo. • Contra todas as expectativas racionalistas dos séculos anteriores, o século XX terminou num "rumor de anjos" (cf. P. Berger, *Rumor de anjos*: a sociedade moderna e a redescoberta do sobrenatural. Petrópolis: Vozes, 1973). Assistimos a um surto do "religioso", mas não necessariamente do "religioso cristão". Hoje como nos seus inícios, a missão da Igreja consiste em alimentar não o sentimento religioso e sim *o sentido cristão*. No Império Romano não faltava "religião". Faltava era a revelação do rosto de Deus em Jesus de Nazaré, assassinado pelo mesmo Império. Para São Tiago, a "verdadeira religiosidade" é a assistência a órfãos e viúvas (Tg 1,27). O surto religioso de hoje não é necessariamente causa de alegria, antes de preocupação. Há muita religiosidade pagã em torno de nós, mas pouca adesão a Jesus, o profeta rejeitado de Nazaré. Contudo, assim como os primeiros teólogos cristãos estabeleceram um diálogo com a sociedade do Império Romano, a Igreja de hoje deve entrar nesse diálogo, consciente de sua identidade e coerente em sua prática de amor fiel, segundo o modelo de Cristo. • Para informação, cf. J.B. Libanio. *A religião no início do milênio*. São Paulo: Loyola, 2002.

[19] A constituição *Lumen gentium*, do Concílio Vaticano II, evita descrever a missão da Igreja em termos jurídicos, mas evoca seu mistério a partir das figuras bíblicas: redil, lavoura, casa/família, templo, Jerusalém celeste, esposa do Senhor, e principalmente as figuras de "Corpo de Cristo" e "Povo de Deus". Além disso, o Concílio insiste fortemente na vocação à comunhão e à unidade.

Notas do cap. 2

[20] Concílio Vaticano II, Decreto *Unitatis redintegratio*, n. 3. • Sobre ecumenismo e diálogo inter-religioso, cf. também § 2.4.

[21] Cf. Concílio Vaticano II, *Lumen gentium*, n. 15-16 (DzH 4139-4140).

[22] O Concílio Vaticano II reconhece que as Igrejas particulares (= as dioceses presididas por seus respectivos bispos) são plenamente Igreja. Elas têm tudo o que é preciso para ser Igreja, embora não sejam a Igreja toda. Elas representam e tornam visível a Igreja como tal (Constituição *Lumen gentium*, n. 23; Decreto *Ad gentes*, n. 30). Cf. Inácio de Antioquia, *Carta aos Esmirnenses*, 8,2: "Onde quer que se apresente o bispo, ali também esteja a comunidade, assim como a presença de Cristo Jesus também nos assegura a presença da Igreja Católica". • O papa não tem, na ordem sacramental, um poder de natureza superior ao dos bispos; seu carisma é a incumbência de confirmar seus irmãos (cf. Lc 22,31-32; Mt 16,18). O papa preside, como "servo dos servos de Deus", o Colégio dos bispos, garantindo-lhe a unidade; cf. a doutrina do Concílio Vaticano II sobre a colegialidade dos bispos, *Lumen Gentium*, n. 22-23. • No Brasil, as Igrejas particulares (= dioceses) são articuladas, pastoralmente, pela Conferência Nacional dos Bispos do Brasil (CNBB), presidida por um bispo eleito de quatro em quatro anos.

[23] Cf. Concílio Vaticano II, *Lumen Gentium*, n. 14 (DzH 4137).

[24] O termo "sacramento" significa sinal sagrado. Na teologia antiga usava-se também o termo "mistério", como ainda hoje, depois da consagração na missa, quando o que preside exclama: "mistério da fé". Os sacramentos são na realidade celebrações litúrgicas e devem novamente ser entendidos assim (cf. § 3.1 e nota 1 ali). Na Idade Média eram vistos como aquisições para a salvação, de modo que a catequese, em vez de ser uma iniciação ao ser cristão, virou uma mera preparação aos sacramentos (a catequese "sacramentalista").

[25] A iniciação cristã não é, propriamente, uma *preparação* aos sacramentos, mas uma experiência inicial da vida cristã, concluída pela participação da Eucaristia, celebração cristã por excelência. "Pelos sacramentos da iniciação cristã – Batismo, Confirmação e Eucaristia – são lançados os *fundamentos* de toda a vida cristã" (*Cat.Igr.Cat.*, n. 1212).

[26] At 8,16; 10,48; 19,5 (e cf. Rm 6,3; Gl 3,27) falam do batismo em nome do Senhor Jesus, mas já Mt 28,19 usa a fórmula trinitária "Em nome do Pai e do Filho e do Espírito Santo". Como explicaremos adiante, chamar Deus de Pai, Filho e Espírito Santo não quer dizer que haja três deuses. Deus é um só, mas a Igreja chama o Deus único, revelado por Jesus, de Pai e reconhece a mesma natureza divina, sem diminuição, no Filho e no Espírito Santo. Cf. § 4.2-3. • Sobre o batismo como incorporação na comunidade cristã, cf. *Cat.*

Notas do cap. 2

Igr.Cat., n. 837. • O fiel como filho de Deus/gerado de Deus: 1Jo 3,1; Ef 1,5; Gl 4,6. Cf. cap. 1 nota 30.

[27] Por extensão, o Batismo se administra preferencialmente em dia de domingo, considerado a "páscoa semanal" (cf. § 3.1 e nota 4 ali). • O Batismo significa morrer e ressuscitar com Cristo: Rm 6,3-4: "Acaso ignorais que todos nós, batizados no Cristo Jesus, é na sua morte que fomos batizados? Pelo batismo fomos sepultados com Ele, na morte, para que, como Cristo foi ressuscitado dos mortos pela ação gloriosa do Pai, assim também nós vivamos uma vida nova". • Originalmente o batismo era administrado pelo bispo, mas por causa do crescente número de batizados os presbíteros tornaram-se os ministros ordinários deste sacramento. Saiba-se, porém, que, em caso de necessidade, qualquer pessoa, mesmo um ateu que tenha a intenção de fazer o que faz a Igreja, pode administrar o Batismo (*Cat.Igr.Cat.*, n. 1256).

[28] Pela incorporação na comunidade que vive do espírito de Cristo, o batizado é arrebatado ao poder de um mundo que destoa do plano de Deus. Isso parece lógico no caso de pessoas que são batizadas adultas. E como fica no caso de crianças? Como as crianças participam inconscientemente da vida cristã daqueles que os educam, estabeleceu-se o costume de batizar as crianças, com a condição de que sejam educadas na fé da Igreja. Este é um compromisso sério dos pais e, entre nós, especialmente dos padrinhos (porque muitas vezes os pais, por diversas razões, não têm condições de assumir plenamente essa responsabilidade).

[29] O simbolismo bíblico da Crisma remete à unção com o Espírito de Deus, mencionada em Is 61,1-2 ("O Espírito do Senhor está sobre mim...") e textos semelhantes. O mesmo simbolismo está presente no batismo de Jesus por João (Mc 1,9-11 e textos paralelos) e na pregação de Jesus na sinagoga de Nazaré (Lc 4,16-21). Exprime a missão do "Ungido de Deus", que é especialmente a missão profética (cf. quadro junto ao § 1.1). • O ministro ordinário da Crisma ou Confirmação é o bispo (que assim pode visitar suas comunidades), mas hoje em dia a administração é, muitas vezes, delegada a determinados padres.

[30] Já At 2,46 fala da fração do pão como característica dos cristãos. A Eucaristia como memorial do Senhor é atestada em 1Cor 11,23-25: "Na noite em que ia ser entregue, o Senhor Jesus tomou o pão e, depois de dar graças, partiu-o e disse: 'Isto é o meu corpo [dado] por vós. Fazei isto em minha memória'. Do mesmo modo, depois da ceia, tomou também o cálice e disse: 'Este cálice é a nova aliança no meu sangue. Todas as vezes que dele beberdes, fazei-o em minha memória'". Cf. Mt 26,26-28; Mc 14,22-24; Lc 22,19-20; e cf. § 1.9.

Notas do cap. 2

[31] Sobre o termo "mistério", cf. o quadro a seguir e cap. 3 nota 1. • Possivelmente "a Ceia do Senhor", continuação pós-pascal das refeições fraternas de Jesus e da Última Ceia, tenha sido, além de memorial do Senhor, uma resposta cristã às refeições das "religiões de mistério", muito difundidas no ambiente da primeira Igreja. Mas o "mistério" cristão é bem diferente desses cultos pagãos: não se trata de escapar do mundo para se unir à divindade, mas de assimilar a atitude de Jesus para viver no mundo.

[32] Referindo-se ao desprezo dos pobres na comunidade, 1Cor 11,27 diz: "Portanto, todo aquele que comer do pão ou beber do cálice do Senhor indignamente, será culpado contra o corpo e o sangue do Senhor".

[33] Cf. Jo 15,1-17 (parábola da videira): a vida ligada a Cristo produz o fruto do amor divino testemunhado aos irmãos e irmãs. Também Gl 5,22-23: "O fruto do Espírito é: amor, alegria, paz, paciência, amabilidade, bondade, lealdade, mansidão, domínio próprio".

[34] Sl 32[31],1: "Feliz aquele cuja culpa foi cancelada e cujo pecado foi perdoado". • Deus é tão grande que Ele pode perdoar: Sb 12,16: "Tua força [de Deus] é o princípio da tua justiça, e o teu domínio sobre todos te faz para com todos indulgente". O perdão na comunidade cristã é descrito em Mt 18,15-18 (v. 18: "Tudo o que ligardes na terra será ligado no céu, e tudo o que desligardes na terra será desligado no céu") e em Jo 20,21-23 (v. 23: "De quem perdoardes os pecados, lhes serão perdoados; de quem os retiverdes, lhes serão retidos").

[35] Antigamente, este sacramento era chamado "Extrema-Unção", porque se julgava que devia ser administrado na hora da morte. Atualmente vale o que diz o Concílio Vaticano II: administre-se no momento "em que o fiel começa a correr perigo de morte por motivo de doença, debilitação física ou velhice" (*Sacrosanctum Concilium*, n. 73). É, portanto, um sacramento que pode ser recebido diversas vezes, se houver recaída depois da cura. Aconselha-se administrá-lo, por exemplo, antes de uma operação de alto risco (*Cat.Igr. Cat.* 1514).

[36] Por isso, os "ministros" deste sacramento são os próprios esposos, não o ministro eclesiástico que preside a cerimônia.

[37] Que o matrimônio une as pessoas para a vida toda é confirmado por Jesus na controvérsia a respeito da lei de Moisés que prescrevia dar uma carta de divórcio à esposa repudiada: "Foi por causa da dureza de vosso coração [= vossa falta de sensibilidade e entendimento] que Moisés escreveu este preceito. No entanto, desde o princípio da criação, Deus os fez homem e mulher. Por isso, o homem deixará pai e mãe e se unirá à sua mulher, e os dois formarão uma só carne [cf. Gn 1,27; 2,24]; assim, já não são dois, mas

Notas do cap. 2

uma só carne. Portanto, o que Deus uniu o homem não separe!" (Mc 10,5-9// Mt 19,3-9; Mt 5,31-32//Lc 16,18). Paulo, em 1Cor 7,10-11, transmite, como palavra do Senhor, que "a mulher não se separe do marido; e caso tenha havido a separação, fique ela sem casar ou, então, faça as pazes com o marido. E o marido não pode despedir sua mulher". Isso, quanto ao princípio, mas ao estudar o Novo Testamento percebem-se "jurisprudências" diversas (a exclusão do caso de fornicação, Mt 5,32; 19,9; o "privilégio paulino", 1Cor 7,15). Idealmente, o matrimônio sacramental é um sinal do amor fiel de Cristo, e isso não se coaduna com o divórcio. Por outro lado, muitos cristãos casados não conseguem realizar esse ideal e vivem em casamentos "defeituosos". Todavia, embora segundo o Direito da Igreja não possam comungar sacramentalmente, mas apenas "espiritualmente", pertencem à Igreja e não devem ser vistos como marginais da fé (Papa Bento XVI, Exortação apostólica *Sacramentum caritatis*, n. 92). A prudência pastoral deve procurar o modo de proceder que melhor corresponda ao amor de Deus. • Algumas observações: 1ª) Quando se trata de casamentos em base falsa, ou nunca assumidos com seriedade, a Igreja, depois de devida investigação, pode *constatar a nulidade*: nunca existiu matrimônio válido, i.é, com plena liberdade, suficiente conhecimento e verdadeira intenção (de eventual fecundidade e de fidelidade para sempre). 2ª) A proibição de comungar não diz respeito a quem apenas se separou, mas somente a quem depois da separação contratou nova união (os divorciados recasados). 3ª) Muitas pessoas vivem em situação irregular, porém, em estado de "ignorância insuperável" (ou praticamente irremediável), portanto, sem pecado neste ponto. 4ª) A compreensão pastoral para com os casamentos defeituosos não deve fomentar a mentalidade divorcista, que esvazia o empenho do amor e causa grandes problemas tanto aos parceiros como aos filhos. 5ª) A Igreja Ortodoxa segue uma jurisprudência diferente da católica, admitindo à comunhão as pessoas que vivem com seriedade uma segunda união, não sacramental.

[38] A Igreja confia aos que recebem o Sacramento da Ordem os serviços correspondentes ao sacerdócio e os regulamenta por disposições jurídico-pastorais, mas o Espírito de Deus mostra quem deve conduzir o povo de Deus adquirido por Cristo com seu sangue: At 20,28.

[39] Na Idade Média esfumou-se o sentido exato do diaconado, porque foi considerado como apenas um passo para o presbiterado e reduzido a mera função litúrgica. Segundo o modelo de At 6,1-6 o diaconato é um serviço geral (diaconia) à comunidade, especialmente no campo caritativo, social e administrativo.

[40] Tais incumbências são definidas pelos pastores ordenados, em primeiro lugar, os bispos. No Brasil, a Conferência dos Bispos tem diretrizes específicas

Notas do cap. 2

para os ministros leigos, que não fazem parte da Hierarquia, mas exercem um papel fundamental na vida e missão da Igreja.

[41] O tema de eleição de Israel (cf. Ex 19,5-6) é aplicado à comunidade cristã em 1Pd 2,4-10: "Aproximai-vos do Senhor, pedra viva, rejeitada pelos homens, mas escolhida e valiosa aos olhos de Deus. Do mesmo modo, também vós, como pedras vivas, formai um edifício espiritual, um sacerdócio santo, a fim de oferecerdes sacrifícios espirituais, agradáveis a Deus, por Jesus Cristo. [...] Mas vós sois a gente escolhida, o sacerdócio régio, a nação santa, o povo que Ele conquistou, a fim de proclamardes os grandes feitos daquele que vos chamou das trevas para a sua luz maravilhosa. Vós sois aqueles que antes não eram povo, agora, porém, são povo de Deus; os que não eram objeto de misericórdia, agora, porém, alcançaram misericórdia".

[42] O verdadeiro culto é viver conforme Deus deseja: Sl 51[50],17-19; Is 58,6-7; Eclo 35,1-5[1-3]; 1Pd 2,5-9; Rm 12,1; Hb 13,16; Tg 1,27. O "sacerdócio dos fiéis" consiste em oferecer o culto da própria vida justa, dedicada ao amor fraterno. Isso vale para todos os membros do povo de Deus. Não é preciso ser nem ministro ordenado, nem ministro extraordinário, para exercer o sacerdócio dos fiéis, oferecendo a Deus o culto que é a vida justa. O Cardeal Cardijn, fundador da Juventude Operária Católica (JOC), escreveu: "O altar do operário é seu balcão de ferramentas". Tal culto é o que Deus espera de todos os membros de seu povo, inclusive da Hierarquia. • "A edificação do corpo de Cristo realiza-se na caridade, segundo as palavras de São Pedro: 'Como pedras vivas, formais um edifício espiritual, um sacerdócio santo, a fim de oferecerdes sacrifícios espirituais, agradáveis a Deus, por Jesus Cristo'" (Fulgêncio de Ruspe, *Livro a Mônimo*, 2, 11; breviário, 3ª-f. da 2ª sem. do tempo pascal). • Sobre a relação desse culto espiritual da vida com a Eucaristia, cf. Papa Bento XVI, *Sacramentum Caritatis*, n. 70.

[43] O termo "vocação" é muitas vezes usado num sentido restrito (vocações para a vida religiosa ou sacerdotal). Ora, como o próprio termo "igreja" (grego *ekklesía*) significa "(con)vocação", convém falar de uma vocação geral de todos os cristãos com base no seu estatuto de "leigo" (grego *laikós*, "membro do povo"). Às diversas situações de vida na Igreja correspondem vocações diferentes, todas elas de igual dignidade e derivadas da vocação cristã geral, como os diversos membros do corpo e não como uma pirâmide (papa > bispos > padres > leigos) (cf. 1Cor 12,28-29; Ef 4,11).

[44] Cf. Concílio Vaticano II, *Lumen Gentium*, n. 7.

[45] Este é o sentido originário e profundo da muito citada e pouco compreendida expressão "fora da Igreja não há salvação", que não se refere aos não cristãos, mas aos cristãos que não vivem unidos à Igreja. Cf. Jo 15,1-11.

Notas do cap. 3

[1] Falamos aqui da mística do dia a dia ("feijão com arroz"), não das experiências extraordinárias dos grandes místicos. Os termos "mística" e "mistério" pertencem à linguagem da iniciação, retomada do mundo pagão (um dos "mistérios" do mundo pagão era a identificação com a divindade morta e rediviva, tema "cristianizado" por Paulo em Rm 6,1-11). O cristão iniciado era chamada *mystós* (na terminologia latina: *perfectus*, "per-feito"; cf. § 4.4). Neste sentido, todo iniciado tem uma dimensão mística. Quando a iniciação resulta uma rígida separação do âmbito externo fala-se em esoterismo; ao contrário dos gnósticos, que eram esotéricos, a primeira comunidade cristã não era fechada sobre si.

[2] Os cristãos rezavam a Deus chamando-o de "Pai": "A prova de que sois filhos é que Deus enviou aos nossos corações o Espírito do seu Filho, que clama: *Abbá*, Pai!" (Gl 4,6; cf. Rm 8,15). • O Pai-nosso litúrgico é baseado no texto de Mateus (cf. cap. 1 nota 37; o acréscimo "pois vosso é o reino, o poder e a glória" não se encontra nos manuscritos até o séc. V).

[3] Um ensinamento belo e completo sobre o domingo encontra-se na Exortação Apostólica *Dies Domini* do Papa João Paulo II: "elemento qualificante da identidade cristã" (n. 30), "alma dos outros dias" (n. 83), "amparo da vida cristã" (n. 84). • Perguntas como: "É obrigatória a missa dominical?" ou: "Se não há missa, devo assistir ao culto/celebração da Palavra?" são mal colocadas. A obrigatoriedade da missa dominical não é algo arbitrário, mas uma *necessidade intrínseca*; por isso, não havendo missa, o cristão consciente procurará espontaneamente participar de uma celebração da Palavra. Não precisa de obrigação, pois deseja alimentar sua fé no encontro regular com seus irmãos, na escuta da Palavra de Deus e na memória do dom da vida de Cristo. Os judeus antes de Cristo aprenderam isso na "dispersão" desde os tempos do exílio babilônico (séc. VI a.C.), quando instituíram a celebração do sábado, transferida pelos cristãos para o domingo. A vida na "dispersão" das nossas grandes cidades não diminui esta necessidade intrínseca, antes a reforça, em comparação com a cristandade rural tradicional! Mas enquanto no interior tradicional se ia à única igreja por perto, a da paróquia geográfica, nos centros urbanos de hoje a referência geográfica é muito fraca; por isso surgem comunidades por afinidade, as igrejas paroquiais conservando um papel de apoio. Pois "a Igreja particular" não são as paróquias, mas a diocese com o bispo (cf. cap. 2 nota 22). Por isso, fazem-se em certas dioceses experimentos de "flexibilização supraparoquial". • Cf. ainda *Cat.Igr.Cat.* n. 1389, 2042, 2180-2183; CDC 209-214 e 1248, entre outros.

[4] Papa João Paulo II, Carta apostólica *Dies Domini*, n. 19.

125

Notas do cap. 3

[5] Concílio Vaticano II, *Sacrosanctum Concilium*, n. 51. Os esquemas acompanhantes são tomados de KONINGS, J. *Liturgia Dominical*: Mistério de Cristo e formação dos fiéis. Petrópolis: Vozes, 2003, p. 24.

[6] A Eucaristia é presidida por um presbítero (sacerdote). Porém, 70% das celebrações dominicais no Brasil são celebrações da Palavra ("cultos"), sem sacerdote, eventualmente com distribuição da comunhão consagrada em outra oportunidade. Embora o preceito da missa dominical se refira, propriamente, à Eucaristia, espera-se do fiel que ele participe sempre da celebração dominical, seja ela Eucaristia ("missa") ou celebração da Palavra ("culto"). Cf. nota 3 acima.

[7] Na liturgia, não sufoquemos a Palavra (de Deus) por nossas palavras! O silêncio fala mais que o excesso de comentários. Nem sobrecarreguemos a liturgia com as coisas da vida lá fora, que já encontramos o dia todo. A liturgia é o lugar de enriquecer nosso mundo interior, para depois irradiar essa riqueza fora de nós.

[8] É incompreensível que cristãos perguntam se podem fazer meditação! A meditação é uma tradição genuinamente cristã, tanto do Ocidente como do Oriente. Ora, para o cristão é *insuficiente* a "meditação transcendental" (à maneira budista), na qual a mente procura se livrar de qualquer objeto concreto. A tradição cristã recomenda a meditação que contempla os "mistérios" (fatos salvíficos) de Cristo. A meditação transcendental pode ser uma preparação para isso: esvaziar o coração para enchê-lo de Cristo.

[9] No séc. XII, São Domingos propagou o rosário como uma espécie de Divino Ofício para as pessoas simples ou que moravam longe de uma igreja ou mosteiro.

[10] Já os Santos Padres viram nas outras religiões uma preparação para a revelação cristã. Isso vale, em primeiro lugar, para a religião de Israel, mas também para outras religiões e cosmovisões (cf. o discurso de Paulo no Areópago, At 17,16-32). Cada povo tem seu "Antigo Testamento". Os mitos dos índios da América do Sul têm uma grande percepção da bondade e do valor sagrado da criação e da terra, conhecem até a ideia da criação pela palavra de Deus (como em Gn 1; Jo 1,1 etc.). Muito próximos do espírito cristão temos os valores éticos das grandes religiões ou cosmovisões asiáticas, hinduísmo, confucionismo, taoismo, budismo.

[11] Esta frase é atribuída a Santo Agostinho. Ele escreveu ainda: "Júbilo é um som a significar que do coração brota algo impossível de se expressar. E quem merece essa jubilação, a não ser o Deus inefável? É inefável o que não podes falar. E se não podes falar e não deves calar-te, que resta senão jubilar?

Notas do cap. 3

[...] Cantai bem para Ele, com jubilação" (*Comentário sobre os Salmos*, Sl 32, Sermão 1,8; Festa de Santa Cecília no breviário).

[12] Cf. o IV Concílio de Constantinopla, em 869-870 (DzH 654), e o de Trento, em 1545-1563 (DzH 1824).

[13] Daí a importância das tradicionais atitudes corporais (ficar em pé, ajoelhar, prostrar-se, sentar) na liturgia e na oração em geral, nascidas da experiência espiritual. Atualmente, porém, há um conflito entre o significado religioso dessas atitudes e as "dinâmicas" emprestadas do mundo do entretenimento e até da aeróbica. Chega-se a abafar a prece eucarística – memorial da vida, morte e ressurreição de Jesus – por exercícios rítmicos e aplausos.

[14] Nem sempre a veneração dos santos é livre de desvios. Certas pessoas, de fé pouco esclarecida, veneram os santos, mas não se importam com a vontade de Deus. Tentam usar os santos como intermediários ("pistolões") para conseguir de Deus o que desejam, até coisas que contrariam o que Deus deseja. A veneração dos santos deve sempre estar subordinada ao seguimento de Cristo. É bom ter "santos próximos", canonizados ou não, que nos mostram o que significa a santidade aqui e agora. Bem perto de nós, os bispos brasileiros Hélder Câmara e Luciano Mendes de Almeida, a irmã Dorothy Stang e outros mártires dos conflitos da terra, da causa indígena etc. Os mártires e profetas no meio do povo, conhecidos só por quem conviveu com eles. Ou então, o Bispo Oscar Romero, canonizado pelo Papa Francisco em 2018, e os mártires de El Salvador; o Padre Alberto Hurtado, apóstolo social do Chile, o Padre (e no fim cardeal) Joseph Cardijn, fundador da Juventude Operária. Ou Charles de Foucauld, que se fez o irmão dos beduínos muçulmanos. Os freis Maximiliano Kolbe e Tito Brandsma, o teólogo protestante Dietrich Bonhoeffer, a mística judia Edith Stein, todos mortos nos campos de concentração nazistas. Os mártires da Rússia soviética. Padre Damião, apóstolo dos leprosos. O teólogo protestante que se tornou o médico incansável dos leprosos na África, o Prêmio Nobel Doutor Alberto Schweitzer. Martin Luther King e tantos outros... No séc. XX houve mais mártires cristãos do que em toda a história anterior, e o séc. XXI tende a superar esse número. É útil também observar as imperfeições dos santos: assim eles se tornam mais reais e fica mais visível neles a obra da graça de Deus.

[15] Os "dogmas marianos" são: a proclamação de Maria como "Mãe de Deus", pelo Concílio de Éfeso (431 d.C.), no contexto da afirmação da divindade de Jesus (DzH 251); sua "maternidade virginal" (o nascimento sobrenatural de Jesus por obra do Espírito de Deus, cf. Mt 1,20; Lc 1,35), confirmada pelo Concílio do Latrão em 649 (DzH 503); a "imaculada conceição" (Maria con-

Notas do cap. 3

cebida sem o pecado original, conforme proclamação de 1854) (DzH 2803); e, associada a isso, a "assunção ao Céu" (a certeza de que ela está, integralmente, na glória de Deus – dogma proclamado em 1950) (DzH 3903).

[16] A devoção a Maria exprime-se sobretudo na oração do rosário: enquanto se repete a Ave-Maria, contemplam-se os "mistérios gozosos" (conceição e nascimento de Jesus), "luminosos" (a vida pública de Jesus, luz do mundo), "dolorosos" (o sofrimento e morte de Jesus) e "gloriosos" (a glória de Jesus e de Maria) (cf. cap. 1 nota 47). Esta oração não faz de Maria uma deusa onipotente. Antes, pensando nela, contempla-se o mistério de Deus em Jesus Cristo. Mas, assim como há uma tendência a esquecer a humanidade de Jesus, existe também o perigo de imaginar uma Maria sobre-humana. Ora, o extraordinário de Maria consiste no seu engajamento *humano* como mãe de Jesus e serva de Deus. Por isso, à diferença das majestosas madonas da Cristandade, a piedade popular muitas vezes a representa como uma simples moça do povo, morena – a Maria do Magnificat.

[17] Por ser casto também o matrimônio vivido como deve, há quem prefere o termo "virgindade consagrada" para indicar o voto de castidade na vida religiosa. Virgindade no sentido simbólico, pois na vida religiosa encontram-se muitas pessoas que já foram casadas.

[18] O termo pastoral, atualmente, está sendo usado em dois sentidos: 1) a atuação dos "pastores instituídos" à frente do rebanho (os fiéis); 2) a atuação da Igreja no seu conjunto. É neste segundo sentido que se fala em "pastoral da terra" etc.

[19] Santo Inácio de Loyola (séc. XVI) disse que importa "encontrar Deus em todas as coisas", e seu companheiro, Jerônimo de Nadal, ensinou a ser contemplativo em tudo quanto fazemos, em todo o nosso viver: *contemplativus in actione.*

[20] "'Quem não me segue, anda nas trevas', diz o Senhor. São essas as palavras de Cristo que nos exorta a imitar sua vida e costumes, se verdadeiramente quisermos ser iluminados e livres de toda a cegueira de coração" (Tomás de Kempis, *A imitação de Cristo*, 1,1).

[21] Jesus interpreta a Lei à luz de sua experiência do amor paterno de Deus: cf. § 1.7.

[22] O sentido bíblico de "amar" é aderir, optar, dedicar-se, comprometer-se, ligar-se a alguém. O mandamento duplo do amor a Deus e ao próximo, mencionado em Mc 12,28-34//Mt 22,34-40//Lc 10,25-28, cita, à maneira judaica, dois textos da Torá: Dt 6,4-5; Lv 19,18. Outros escritos do Novo Testamento mencionam somente o mandamento do amor ao próximo (Rm 3,9; Gl 5,14;

Notas do cap. 3

Tg 2,8; cf. Jo 13,34-35). 1Jo 4,19-21 insiste no amor ao próximo como consequência do desejo de amar a Deus. O mandamento é antigo, mas recebe um sentido novo em Cristo e na vida do cristão (1Jo 2,7-8).

[23] Referimos aqui os Dez Mandamentos conforme o catecismo e conforme o texto de Ex 20,2-17 (= Dt 5,6-12, com algumas modificações). Na tradição protestante (seguindo a judaica), o primeiro mandamento da tradição católica é desdobrado, fazendo da proibição de imagens idolátricos um mandamento à parte, enquanto o nono e o décimo são unidos em um só (proibição da cobiça).

Ex 20,2-17	**Cat.Igr.Cat.** *2051*
[I] ²"Eu sou o SENHOR teu Deus, que te tirou do Egito, da casa da escravidão. ³Não terás outros deuses além de mim.	[I] Amar a Deus sobre todas as coisas.
[II] ⁴Não farás para ti imagem esculpida, nem figura alguma do que existe em cima nos céus, ou embaixo na terra, ou nas águas debaixo da terra. ⁵Não te prostrarás diante dos ídolos, nem lhes prestarás culto, pois eu sou o SENHOR teu Deus, um Deus ciumento. Castigo a culpa dos pais nos filhos até a terceira e quarta gerações dos que me odeiam, ⁶mas uso de misericórdia por mil gerações para com os que me amam e guardam os meus mandamentos.	
[III] ⁷Não pronunciarás o nome do SENHOR teu Deus em vão, porque o SENHOR não deixará sem castigo quem pronunciar seu nome em vão.	[II] Não tomar seu Santo Nome em vão.
[IV] ⁸Lembra-te de santificar o dia do sábado. ⁹Trabalharás durante seis dias e farás todos os trabalhos,¹⁰mas o sétimo dia é sábado, descanso dedicado ao SENHOR teu Deus. Não farás trabalho algum, nem tu, nem teu filho, nem tua filha, nem teu escravo, nem tua escrava, nem teu gado, nem o estrangeiro que vive em tuas cidades. ¹¹Porque em seis dias o SENHOR fez o céu e a terra, o mar e tudo o que eles contêm; mas no sétimo dia descansou. Por isso o SENHOR abençoou o dia do sábado e o santificou.	[III] Guardar domingos e festas de guarda.

Notas do cap. 3

Ex 20,2-17	**Cat.Igr.Cat.** *2051*
[V] [12] Honra teu pai e tua mãe, para que vivas longos anos na terra que o SENHOR teu Deus te dará.	[IV] Honrar pai e mãe.
[VI] [13] Não cometerás homicídio.	[V] Não matar.
[VII] [14] Não cometerás adultério.	[VI] Não pecar contra a castidade.
[VIII] [15] Não furtarás.	[VII] Não furtar.
[IX] [16] Não darás falso testemunho contra o teu próximo.	[VIII] Não levantar falso testemunho.
[X] [17] Não cobiçarás a casa do teu próximo. Não cobiçarás a mulher do teu próximo, nem seu escravo, nem sua escrava, nem seu boi, nem seu jumento, nem coisa alguma do que lhe pertença.	[IX] Não cobiçar a mulher do próximo. [X] Não cobiçar as coisas alheias.

[24] Fl 2,3-4: "Nada façais por ambição ou vanglória, mas, com humildade, cada um considere os outros como superiores a si e não cuide somente do que é seu, mas também do que é dos outros". • Amar os outros como a si mesmo (lit.: "como à sua própria alma", cf. 1Sm 18,3; 20,7) não significa que primeiro devemos amar (ou mimar) a nós mesmos para depois pensar nos outros! No verdadeiro amor ao próximo, o ponto de gravidade de nossa vida está fora de nós, no "próximo" (que encontramos tornando-nos próximos dele, cf. Lc 10,28-37). Explica isso muito bem o filósofo judeu Emanuel Lévinas, reagindo contra o "umbiguismo" da Modernidade. A atitude ética fundamental consiste em livrar-se do egoísmo e do narcisismo (a pessoa voltada só para si), e em colocar o centro da vida fora de si, na outra pessoa, que vem até nós com uma recomendação de Deus, Pai e Criador. E quanto mais "outro" o outro – excluído, marginalizado, distante pela cultura, raça ou religião –, tanto mais forte a recomendação. Tal atitude não deve ser vista como superficial altruísmo, muito menos como fuga de si mesmo no outro, mas baseia-se na percepção da transcendência na alteridade (a "revelação" que se dá no ser-outro do outro).

[25] Os pobres nos são dados por Deus como senhores e mestres (breviário na Festa de São Vicente de Paulo).

Notas do cap. 3

[26] Gl 5,22; cf. Cl 3,12-15; Fl 4,8-9, e.o.; 2Pd 1,5-7 mostra uma "escada de virtudes". • Nestes textos trata-se das "virtudes morais", formuladas pela filosofia grega e amplamente comentadas na teologia escolástica. As "virtudes teologais" são abordadas em § 4.6.

[27] A liberdade cristã consiste no serviço ao irmão, na caridade, cf. Gl 5,13: "Sim, irmãos, fostes chamados para a liberdade. Porém, não façais da liberdade um pretexto para servirdes à carne. Pelo contrário, fazei-vos escravos uns dos outros, pelo amor".

[28] Entenda-se a relação do ser humano com a criação não como posse, mas como gerência. Isso urge uma nova leitura de Gn 1,28, "dominai a terra", não como submissão da terra, mas como cuidado. Já Gn 2,5-9 sugere uma imagem melhor: Adão como jardineiro da criação, no paraíso. Também na doutrina social da Igreja, se Leão XIII e Pio XI acentuavam ainda fortemente o direito de propriedade, os textos recentes falam mais em gerenciar e cuidar (PAPA FRANCISCO, Carta encíclica *Laudato si'*).

[29] Expressão consagrada pelo Papa João Paulo II em diversos pronunciamentos. Pensa-se sobretudo na sonegação de impostos, no uso irresponsável dos bens públicos, no trânsito, na administração política e cultural etc. Graves pecados sociais de caráter internacional são as infrações contra as exigências da ordem mundial, da proteção do ambiente e da atmosfera etc. Não se trata somente de abusos cometidos coletivamente, mas também da *omissão* quanto a mudar as estruturas nefastas.

[30] A doutrina social da Igreja não se dirige apenas aos empresários individuais, mas também às nações e aos governos. A encíclica *Mater et Magistra* de João XXIII oferece um resumo histórico da doutrina formulada até então (1961). O desenvolvimento social e econômico dos povos e a paz mundial são os temas centrais da *Pacem in terris* de João XXIII e da *Populorum progressio* de Paulo VI ("o nome novo da paz é desenvolvimento").

[31] Citemos neste sentido as Campanhas da Fraternidade propostas pela Igreja, no Brasil, em torno de diversos temas do ambiente humano e natural, p.ex. a Amazônia (2007). • Economia e ecologia – ambos termos derivados do grego *oikos* (casa, habitação) – não estão em oposição, mas completam-se no conceito do desenvolvimento sustentável.

[32] 2Pd 3,13; cf. Is 65,17; 66,22; Ap 21,1. • O "Reino de Deus" (cf. § 1.8) é um conceito-limite, uma meta escatológica, que supera nossas construções humanas. É uma utopia concebida à luz do que Jesus nos ensina e mostra em sua palavra e prática. É impossível realizá-lo de modo voluntarista e autossuficiente.

Notas do cap. 3

É um dom de Deus e uma tarefa nunca acabada para o ser humano. Não pode ser identificado com nenhum regime neste mundo. Os modelos político-sociais são mediações indispensáveis, porém relativas, do Reino de Deus.

[33] Cf. Sl 1; Dt 30,19-20; cf. Mt 7,13-14. O primeiro escrito cristão depois do Novo Testamento começa assim: "Há dois caminhos: um da vida e outro da morte. [...] O caminho da vida é este: primeiro, amarás a Deus que te fez; depois, a teu próximo como a ti mesmo; e tudo o que não queres que seja feito a ti, não o faças a outro" (*Didaqué*, 1,1-2). Esta "regra de ouro" aparece aqui (como em Tb 4,15 e nos filósofos gregos), em forma negativa ("não faças"), mas isso é insuficiente, pois só proíbe fazer mal ao outro. Jesus mesmo usou a forma positiva, "*fazei* aos outros o que desejais que eles vos façam" (Mt 7,12), que é um desafio para sempre estar atentos ao bem que podemos fazer aos outros.

[34] Esta atitude, contrária à concentração no "ego" que marca a cultura moderna, é chamada "des-centramento". Cf. nota 24 acima.

[35] 1Jo 3,9: "Todo aquele que nasceu de Deus não comete pecado, porque a semente de Deus fica nele; é impossível que ele peque, pois nasceu de Deus". Por outro lado, 1Jo 1,9-10: "Se reconhecemos nossos pecados, então Deus se mostra fiel e justo, para nos perdoar os pecados e nos purificar de toda injustiça. Se dissermos que nunca pecamos, fazemos dele [de Deus] um mentiroso, e sua palavra não está em nós".

[36] Pense no Sistema de Posicionamento Global (GPS) nos carros. Quando o usuário se desvia da rota prevista, o GPS o ajuda para reencontrar o roteiro a partir da posição errada na qual se encontra. Mas assim como o GPS deve estar bem programado, a consciência precisa ser devidamente formada e informada. Quem apela à sua consciência, mas recusa ver o apelo ético, não age segundo sua consciência, mas segundo sua ignorância culpada.

[37] A doutrina do Fim chama-se "escatologia" (do grego *eskhaton*). Para quem crê em Jesus, a escatologia tornou-se uma realidade desde que Ele proclamou a chegada do reinado de Deus, que é, segundo a fé cristã, a realidade definitiva da vida humana e da história. O imaginário em torno desta realidade toma muitas vezes a forma de revelações a respeito do fim iminente e do juízo final de Deus; a literatura que veicula esse imaginário chama-se a "apocalíptica" (de *apokálypsis*, "revelação"). As *imagens apocalípticas* são apenas imagens, não precisam ser tomadas literalmente. O importante para a fé cristã é a certeza de que a *escatologia* já é uma presença – embora ainda não plenamente desdobrada – desde que Jesus iniciou a prática do reinado de Deus. Por causa disso, nossos atos conscientes revelam de que lado estamos em relação à vida que Deus nos oferece (cf. Jo 3,19-21; 5,21-29; 11,25-26). • Há quem queira

Notas do cap. 3

banir da linguagem cristã as imagens apocalípticas, mas qualquer um que lida com a Bíblia sabe que isso é impossível. É preciso *interpretar*, perceber qual a realidade visada por essas imagens. Assim como "o Dia do Senhor" pode ter significados diversos (a queda de Jerusalém em 586 a.C., o exílio babilônico, a volta do exílio, o juízo final...), assim também o "fim" pode indicar diversos momentos (o fim de nossa vida, o fim de determinada constelação política, de determinada cultura, o fim de nosso planeta, o fim do universo...). O que importa é que em cada "fim" esteja Deus, aquele que conhecemos em Jesus de Nazaré. E que Ele esteja também no fim de cada dia que vivemos.

[38] Não é preciso imaginar o purgatório com fogo etc. É o "ajuste" da vida vivida para se adequar à superioridade da salvação oferecida por Deus. Quanto ao inferno, as imagens tradicionais do fogo da "geena" estão relacionadas com o *gue-hinnom*, o vale de Hinom (Enom), ao lado de Jerusalém, que era o lixão da cidade, onde sempre ardia um fogo.

[39] O critério de nossa vida é o amor praticado aos irmãos e irmãs mais humildes, com os quais Jesus se identifica: Mt 25,34-40. O que conta não são os atos isolados (como se um ato errado no último minuto pudesse pesar mais que uma vida justa inteira), mas a opção fundamental que surge como resultante de nossos atos livres e conscientes.

[40] Cf. Jo 5,24; 11,25-26. • No mesmo sentido, São Bernardo (*Sermo V in Adventu Domini*, 1-3): "Na primeira vinda, o Senhor apareceu na terra e conviveu com os homens. Foi então, como Ele próprio declara, que o viram e odiaram. Na última, 'todos verão a salvação de nosso Deus' e 'verão aquele que traspassaram'. A vinda intermediária é oculta, nela somente os eleitos o veem em si mesmos e recebem a salvação. [...] Ouvi o próprio Senhor: 'Se alguém me ama [...] guardará as minhas palavras, e meu Pai o amará, e viremos a ele'".

[41] Paulo acentua a unidade do fiel com Jesus na vida, morte e ressurreição. A vida cristã participa da vida da ressurreição (Rm 6,8-11). Esta não deve ser concebida como uma repetição, um *replay* da vida terrestre (ou, como se diz biblicamente, da vida "na carne"), mas como uma nova criação pelo poder transcendente de Deus, o "espírito". A "ressurreição da carne" (= da nossa existência humana) não é a reconstituição de nossos tecidos fisiológicos, mas uma nova criação que assume a vida que na terra vivemos em união com Cristo. Nesse sentido Paulo fala de um "corpo espiritual" (1Cor 15,44, e cf. todo o capítulo 15 de 1Cor).

[42] 1Jo 4,18. Quem crê e ama não teme o julgamento: Jo 5,24; 1Jo 3,18-24; 1Jo 4,16-21. Leia, neste sentido, a "utopia" de Ap 21,1-3. Cf. também § 4.6.

Notas do cap. 4

[1] Nos *Pensamentos*, fragmento 449 (= ed. Brunschvicg, 556), o filósofo e matemático Blaise Pascal explica grandiosamente a diferença entre a conceitualização de Deus pelos "sabedores" e pelos espíritos geométricos e a manifestação do "Deus de Abraão, de Isaac, de Jacó [...] o Deus de Jesus Cristo", que é amor e misericórdia. • São Bernardo de Claraval, tratando da Encarnação de Jesus, diz: "O que poderia o homem pensar de antemão acerca de Deus, senão fabricar um ídolo dele?" (sermão *De Aqueductu*, in: *Opera omnia*, Ed. Cisterc. 5 [1968] 282-283). Jesus é a imagem (em grego: *eikon*), não o ídolo (*eidolon*) de Deus. • Sobre a relação fé-razão, cf. Papa João Paulo II, Carta Apostólica *Fides et ratio* (2001), especialmente capítulo IV.

[2] Filosoficamente pode-se falar de uma pré-compreensão. É como o míope que busca seus óculos até cansar. Quando, cansado, se senta sobre a cadeira, logo os reconhece debaixo de si: sua "intencionalidade" estava ligada. Sobre a busca tateante por Deus no âmbito dos sábios de Atenas, cf. At 17,16-32 (Paulo no Areópago).

[3] No Prólogo de João (1,18) lemos: "Ninguém jamais viu a Deus; o Unigênito, que é Deus e está no seio do Pai, esse o deu a conhecer" (ou: "o descreveu", em analogia com Eclo 43,31). Mas, chegando a hora da morte, Jesus dirá: "Quem me viu, viu o Pai" (Jo 14,9). Observe-se que esta "revelação" é feita não por ocasião dos milagres, mas na hora da morte de Jesus, pois aí é que mais transparece nele o rosto do Deus-Amor (cf. 1Jo 4,8.16). João chama Jesus de "Palavra" de Deus (Jo 1,1.14), porque tudo o que Ele é e faz revela Deus.

[4] Assim R. Zuurmond, *Procurais o Jesus histórico?*, São Paulo: Loyola, 1998, p. 124: "A profissão de fé 'Jesus é Deus', ou 'Jesus é o Filho de Deus', não define, a bem dizer, quem é Jesus; explica antes quem é Deus. [...] Não começamos por um conceito de Deus, que em seguida é aplicado a Jesus; é exatamente o contrário". • Quem entende bem isso percebe a importância da distinção entre Pai e Filho na doutrina da SS. Trindade, como também da doutrina das duas "naturezas" em Cristo (cf. adiante, nota 6).

[5] 1Jo 4,8.16; cf. acima nota 3, e a encíclica do Papa Bento XVI, *Deus caritas est* (2005). • Sobre Jesus como imagem de Deus, cf. 2Cor 4,4; Cl 1,15, e também Fl 2,6 (aí se usa o termo "forma"); cf. também acima nota 1. • Citemos ainda Santo Ireneu (cf. cap. 1 nota 53): "Desde o princípio o Filho é o revelador do Pai, pois Ele é desde o princípio junto do Pai. As visões proféticas, a diversidade das graças, os ministérios, a manifestação da glória do Pai, tudo isso, à guisa de uma melodia harmoniosamente composta, Ele o desenrolou diante dos homens, em tempo oportuno, para proveito deles. [...] O Verbo

Notas do cap. 4

tornou-se dispensador da graça do Pai, para proveito dos homens, pois é para eles que realizou tamanhas 'economias' [= disposições salvíficas], *mostrando Deus aos homens e apresentando o homem a Deus*, salvaguardando a invisibilidade do Pai, para que o homem não chegasse a menosprezar Deus e para que tivesse sempre para onde progredir; e ao mesmo tempo tornando Deus visível aos homens, por múltiplas 'economias', por medo de que, totalmente privado de Deus, o homem pudesse perder até a existência. *Pois a glória de Deus é a vida do homem, e a vida do homem é a visão de Deus*. Se a visão de Deus já providencia a vida a tudo que vive sobre a terra, quanto mais a manifestação do Pai pelo Verbo providencia a vida aos que veem Deus" (*Contra as heresias*, IV,20,7; grifo nosso).

[6] O termo tradicional, "natureza divina", não deve ser indevidamente aproximado do conceito moderno de natureza. Trata-se do ser-deus de Jesus.

[7] Cf. o hino das Vésperas no tempo pascal (ferial): "O rex aeterne Domine, *semper cum Patre Filius*". É desse ser-deus e ser-homem que se trata nos grandes concílios dos séculos IV-V (Niceia, Constantinopla, Éfeso, Calcedônia). O Concílio de Calcedônia define que Jesus é verdadeiramente Deus e verdadeiramente homem, sem, porém, desenvolver uma explicação conceitual disso. Assim também o dogma da SS. Trindade chama Jesus "Deus", mas ao mesmo tempo o distingue de "Deus" sem mais. A consciência da Igreja pronuncia duas percepções acerca de Jesus como indubitavelmente verdadeiras e necessárias de se dizer, mas não procura uni-las num sistema conceitual único.

[8] Deus é "maior" (= mais importante) que Jesus: Jo 14,28. A obra de Jesus é a obra do Pai (cf. Jo 10,30), mas esta obra "na carne" é limitada, e deve ser continuada pelos que ocupam, "na carne" (= no mundo, na história) um lugar mais amplo que Jesus. Por isso, a ausência física de Jesus abre espaço para o Espírito, que age para além da limitação da carne e assiste os fiéis na sua obra, que será "maior" (mais extensa quantitativamente) que a de Jesus "na carne" (Jo 14,12). Ele é o Espírito da verdade (14,17), que traz à memória tudo o que Jesus disse e fez (14,26) e até mostra o que ainda deve acontecer, conduzindo-os fiéis em toda a verdade (16,13).

[9] Os 11,1-4: "Quando Israel era criança eu o amava, do Egito chamei o meu filho. Quanto mais, porém, eu os chamava, mais de mim eles se afastaram [...] Eu os lacei com laços de amizade, eu os amarrei com cordas de amor; fazia com eles como quem pega uma criança ao colo e a traz até junto ao rosto. Para dar-lhes de comer eu me abaixava até eles"; Is 49,15: "Acaso uma mulher esquece o seu neném, ou o amor ao filho de suas entranhas. Mesmo

Notas do cap. 4

que alguma se esquecesse, eu de ti jamais me esquecerei!"; Is 63,16: "O nosso pai és Tu. Abraão nem nos conhece, Jacó não faz caso de nós. És Tu mesmo, Senhor, nosso pai, o nosso libertador".

[10] Jesus, o Filho: Mc 1,10-11: "Logo que saiu da água, viu o céu rasgar-se e o Espírito, como pomba, descer sobre Ele. E do céu veio uma voz: 'Tu és o meu Filho amado; em ti está o meu agrado'"; Mt 11,27: "Tudo me foi entregue por meu Pai, e ninguém conhece o Filho, senão o Pai, e ninguém conhece o Pai, senão o Filho e aquele a quem o Filho o quiser revelar"; Jo 10,30: "Eu e o Pai somos um"; Jo 14,10-11: "As palavras que eu vos digo, não as digo por minha conta; é o Pai que, permanecendo em mim, realiza as suas obras. Crede-me: eu estou no Pai e o Pai está em mim"; Jo 14,28: "Se me amásseis, ficaríeis alegres, porque vou para o Pai, pois o Pai é maior do que eu".

[11] Cf. acima nota 8. O Espírito do Pai age em Cristo (Mc 1,12 etc., cf. nota 39) e em nós. Ele é também o Espírito de Cristo, pois tudo o que é do Pai é dele (Jo 17,10). Cristo pede o Espírito e o Pai o envia a nós (Jo 14,16; 16,7). Diz Jo 16,13-15: "Mas quando Ele vier, o Espírito da Verdade, vos guiará em toda a verdade. Ele não falará por si mesmo, mas dirá tudo o que tiver ouvido e vos anunciará até as coisas futuras. Ele me glorificará, porque receberá do que é meu para vos anunciar. Tudo o que o Pai tem é meu. Por isso, eu vos disse que Ele receberá do que é meu para vos anunciar".

[12] Viver na divina Trindade: 2Cor 13,13: "A graça do Senhor Jesus Cristo, o amor de Deus e a comunhão do Espírito Santo estejam com todos vós".

[13] No "Symbolum apostolorum" (DzH 30), que aqui reproduzimos, lemos: "Credo *in* Deum/Iesum Christum/Spiritum Sanctum", mas "[Credo] sanctam Ecclesiam catholicam" (sem a preposição *in* + accusativo, que indica a orientação). Esta profissão de fé foi ampliada, com base nos concílios de Niceia (325 d.C.) e Constantinopla (381 d.C.), no "Credo niceno-constantinopolitano" (DzH 150), que especifica a fé na ressureição e na vida eterna como uma esperança: "Et *exspecto* ressurrectionem mortuorum" etc. Infelizmente, as traduções para nosso idioma não conseguem expressar esses matizes (p.ex. *Cat.Igr.Cat.*, ed. brasileira, n. 184). • Uma forma mais antiga do Credo soa assim: "**Crês em Deus Pai** onipotente? / **Crês em Jesus Cristo**, Filho de Deus, que, do Espírito Santo, nasceu da Virgem Maria, e foi crucificado sob Pôncio Pilatos e morreu e foi sepultado, e ao terceiro dia ressuscitou vivo dos mortos, e subiu aos céus e está sentado à direita do Pai, e que virá para julgar os vivos e os mortos? / **Crês no Espírito Santo,** e a santa Igreja e a ressurreição da carne?" (Santo Hipólito de Roma, por volta de 215 d.C.; DzH 10). • Outra: "**Creio em Deus Pai** todo-poderoso, / **e em Cristo Jesus,**

Notas do cap. 4

seu Filho unigênito, nosso Senhor, que nasceu do Espírito Santo e Maria virgem; que sob Pôncio Pilatos foi crucificado e sepultado, e ao terceiro dia ressurgiu dos mortos, subiu aos céus, e está sentado à direita do Pai, de onde vem julgar os vivos e os mortos; / **e no Santo Espírito**, a santa Igreja, a remissão dos pecados, a ressurreição da carne, a vida eterna" (Marcelo de Ancira, 340 d.C.; DzH 11).

[14] A descida ao "ínfero" (= o lugar [a mansão] dos mortos, geralmente interpretado, erroneamente, como inferno), foi acrescentada no séc. VIII, sob influência dos cristãos orientais.

[15] Há quem quer substituir "carne" por "corpo", mas isso não procede, pois biblicamente "carne" significa a realidade humana integral (algumas vezes também chamada de "corpo"), enquanto para o homem de hoje "corpo" é apenas a realidade fisiológica! A ressurreição da carne é muito mais que a reconstituição do corpo físico – e não se esqueça que Paulo fala de um "corpo espiritual" (cf. cap. 3 nota 41).

[16] A fé como ato de confiança é chamada, na teologia tradicional, *fides qua creditur* (pela qual se crê) ou fé fiducial; a fé como doutrina é a *fides quae creditur* (na qual se crê) ou fé doutrinal.

[17] Crer e acreditar significam em primeiro lugar dar crédito, confiar. Cf. Jo 2,23-24: "Muitos *acreditaram* em Jesus, mas Ele não *acreditava* neles [= não lhes dava crédito], porque sabia o que há no ser humano". Cf. também expressões como "amigo de fé", ou as "letras de fé" (= credenciais) de um embaixador etc.

[18] Poeticamente, Tertuliano (séc. III) podia exclamar: "*Credo quia absurdum*" ("Porque supera os sentidos, eu creio"), mas a sã teologia ensina que a fé não é irracional e implica o esforço da inteligência que nos torna humanos. Cf. Papa João Paulo II, Carta Apostólica *Fides et ratio* (2001).

[19] Cf. *Cat.Igr.Cat.* 1812. Entenda-se o termo "virtude" no seu sentido antigo de força, potência.

[20] Cf. Hb 11,1. Este capítulo inteiro é um hino à força da esperança que se encontra na fé. Assim Moisés: "Pela fé deixou o Egito, sem temer o rei; permaneceu firme, como se visse o Invisível" (Hb 11,27).

[21] Cf. 1Cor 13,13. • Na alegoria da videira, Jesus diz: "Nisto meu Pai é glorificado: que deis muito fruto e vos torneis meus discípulos. Como meu Pai me ama, assim também eu vos amo. Permanecei no meu amor" (Jo 15,8-9; cf. 15,16-18). O Pai é a fonte do amor com o qual o Filho nos ama, e por

Notas do cap. 4

causa do amor e do exemplo deste, nós também queremos produzir fruto que enriqueça os outros filhos do Pai. Por isso, 1Jo 5,1 resume o ser cristão como segue: "Todo aquele que crê que Jesus é o Cristo foi gerado de Deus, e quem ama aquele que gerou amará também aquele que dele foi gerado". • Diante da atual inflação do termo "amor", podemos acentuar que o amor, em todas as suas formas genuínas, é um dinamismo unificador em direção do outro. Na existência cristã, esse dinamismo deve ser orientado pelo modelo de Jesus, que no seu serviço e no dom de sua vida mostrou "na carne" o que é a vida verdadeira que nos vem de Deus.

[22] Frase final do fim do livro de G. Bernanos, *Diário de um pároco de aldeia* (trad. E.G. da Mata-Machado; Rio de Janeiro: Agir, 1964, p. 212), relatando a morte de um sacerdote de vida irregular. Bernanos, o maior romancista católico francês do século XX, viveu no Brasil de 1938 a 1945, em Barbacena, MG.

[23] Cf. acima nota 3.

[24] Na sinagoga de Cafarnaum, muitos abandonaram Jesus por causa de sua palavra exigente (Jo 6,59-66), mas os verdadeiros discípulos, embora frágeis, responderam com uma profissão de fé (Jo 6,67-69).

LEIA TAMBÉM:

Coleção
Iniciação à Teologia

A coleção *Iniciação à Teologia*, em sua nova reformulação, conta com volumes que tratam das Escrituras, da Teologia Sistemática, Teologia Histórica e Teologia Prática. Os volumes que estavam presentes na primeira edição serão reeditados; alguns com reformulações trazidas por seus autores e novos títulos serão publicados à medida que forem finalizados.

O objetivo é oferecer manuais às disciplinas teológicas, escritos por autores nacionais. Essa parceria da Editora Vozes com os teólogos brasileiros é expressão dos novos tempos da teologia, que busca trazer o espírito primaveril para o ambiente de produção teológica, e, consequentemente, oferecer um material de qualidade para que estudantes de teologia, bem como teólogos e teólogas, busquem aporte para seu trabalho cotidiano.

A humanidade de Jesus

José Maria Castillo

Só é possível alcançar a plenitude "do divino" na medida em que nos empenhamos para atingir a plenitude "do humano". Só podemos chegar a ser "mais divinos" fazendo-nos "mais humanos". Esta proposta tem que invadir e impregnar toda a vida e a atividade da Igreja: sua teologia, seu sistema organizativo, sua moral, suas leis, sua presença na sociedade e sobretudo a vida e a espiritualidade dos cristãos.

É uma proposta que brota do próprio centro da fé cristã: o Deus do cristianismo é o "Deus encarnado". Ou seja, o "Deus humanizado", que se deu a conhecer num ser humano, Jesus de Nazaré. Entretanto, ocorre que, na história do cristianismo, a humanidade de Jesus, bem como suas consequências, foi mais difícil de ser aceita do que a divindade de Cristo. Esta dificuldade nos exige encarar a seguinte pergunta: Quem ocupa realmente o centro da vida da Igreja, Jesus e seu Evangelho ou São Paulo e sua teologia? Não se trata da velha questão sobre quem fundou a Igreja. A Igreja tem sua origem em Jesus. Ela, portanto, tem seu centro em Jesus, o Messias, o Senhor, o Filho de Deus. Porém, mesmo tendo isto por pressuposto, não se pode negligenciar esta pergunta imperativa.

A partir dela surgem outras perguntas: De onde ou de quem foram tomados os grandes temas que são propostos e explicados na teologia católica? Em que e como se justificam o culto, os ritos e, em geral, a liturgia que se celebra em nossos templos? A partir de quem e de quais argumentos se legitima o modo de governo que se exerce na Igreja? Que forma de presença na sociedade a Igreja deve ter? Por que o cristianismo aparece mais como uma religião e muito menos como a presença do Evangelho de Jesus em nosso mundo? Enquanto a Igreja não enfrentar seriamente estas questões, dando-lhes as devidas respostas, dificilmente ela recuperará sua identidade, e tampouco cumprirá sua missão no mundo.

Na presente obra, José Maria Castilho busca respostas para as várias perguntas que surgem quando se trata da humanidade de Jesus.

José Maria Castillo nasceu em Granada (Espanha) em 1929. É doutor em Teologia pela Universidade Gregoriana de Roma. Lecionou em Granada, Roma e Madri, sendo professor-convidado em São Salvador. Fundador e membro da direção da Associação de Teólogos e Teólogas João XXIII, e autor de dezenas de obras de teologia e espiritualidade. Tem publicada pela Vozes a obra *Jesus: a humanização de Deus*.

Roteiro de leitura da Bíblia

Frei Fernando Ventura

Esse livro não é mais um trabalho bíblico científico, mas sim uma proposta de percorrer o Antigo e Novo Testamento à luz de textos-chave contextualizados nas épocas históricas em que os autores dos 73 livros que compõem a Bíblia os escreveram.

A Bíblia, mais do que um livro, mais do que um "código" ou um conjunto de normas, é uma "vida". Uma vida feita de tudo isso de que a vida é feita: sonhos e ilusões, alegrias e esperanças, lágrimas e sorrisos, encontros e desencontros, luzes e sombras, mais todo o resto que a nossa imaginação e experiência pessoal forem capazes de encontrar.

Tratada durante muitos séculos quase como o "livro proibido", vivemos ainda hoje o tempo de "pagar a fatura" desse divórcio que nos afastou das nossas origens, pelo menos durante os últimos quatro séculos e que abriu a porta para todo o tipo de comportamentos desencarnados e desenraizados de uma vivência adulta e esclarecida da fé, porque, também durante muitíssimos anos, nos habituamos a beber nos "riachos", com medo de nos afogarmos na fonte. Não vai muito longe o tempo em que a Bíblia parecia ser o "livro proibido aos católicos".

A Bíblia, que é a história de um povo e da sua relação com Deus, contém elementos que universalizam, fazendo de cada homem um potencial destinatário, como o percurso de leitura aqui apresentado o demonstra, "apenas" exigindo de quem lê um grande espírito de liberdade e abertura para poder sentir em toda a sua amplitude o convite que lhe é feito para descobrir a sua própria relação com Deus no aqui e agora da vida. O *Roteiro de leitura da Bíblia* destina-se a crentes e não crentes e tem uma força própria que de algum modo desafia o leitor a questionar-se em muitos sentidos.

Frei Fernando Ventura nasceu em Matosinhos, Portugal. É licenciado em Teologia pela Universidade Católica Portuguesa e licenciado em Ciências Bíblicas pelo Pontifício Instituto Bíblico de Roma, tendo sido professor da Sagrada Escritura no Instituto Superior de Ciências Religiosas de Aveiro. No âmbito do movimento de difusão bíblica promoveu encontros de formação nos cinco continentes e colabora como tradutor e intérprete para vários organismos internacionais, entre os quais a Ordem dos Capuchinhos, a Comissão Teológica Internacional no Vaticano, o Conselho Internacional da Ordem Franciscana Secular, a Federação Bíblica Mundial e ainda algumas ONGs. Tem publicado vários artigos de temática bíblica em Portugal e no estrangeiro, e é autor do primeiro estudo sobre Maria no islamismo bem como de um estudo exegético sobre o capítulo 21 do Apocalipse.

Conecte-se conosco:

f facebook.com/editoravozes

⊙ @editoravozes

X @editora_vozes

▶ youtube.com/editoravozes

☎ +55 24 2233-9033

www.vozes.com.br

Conheça nossas lojas:

www.livrariavozes.com.br

Belo Horizonte – Brasília – Campinas – Cuiabá – Curitiba
Fortaleza – Juiz de Fora – Petrópolis – Recife – São Paulo

  Vozes de Bolso

EDITORA VOZES LTDA.
Rua Frei Luís, 100 – Centro – Cep 25689-900 – Petrópolis, RJ
Tel.: (24) 2233-9000 – E-mail: vendas@vozes.com.br